Rezepte und Gestaltung: Valéry Drouet
Fotos: Pierre-Louis Viel

VALÉRY DROUET & PIERRE-LOUIS VIEL

FLEISCHBÄLLCHEN SPIESSE & CO!

[HERZHAFTE UND SÜSSE SNACKS]

h.f.ullmann

INHALT!

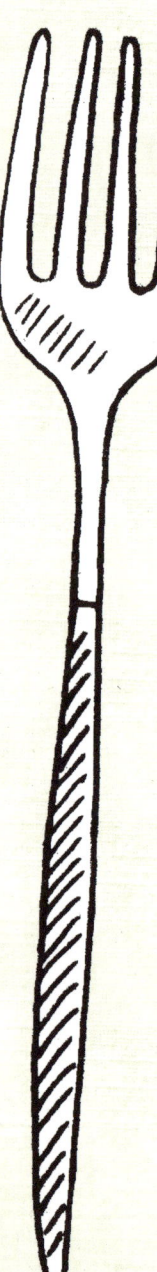

SAUCEN!

MARINADEN!

BÄLLCHEN UND KLÖSSE!

Fleisch

Fisch

SPIESSE!

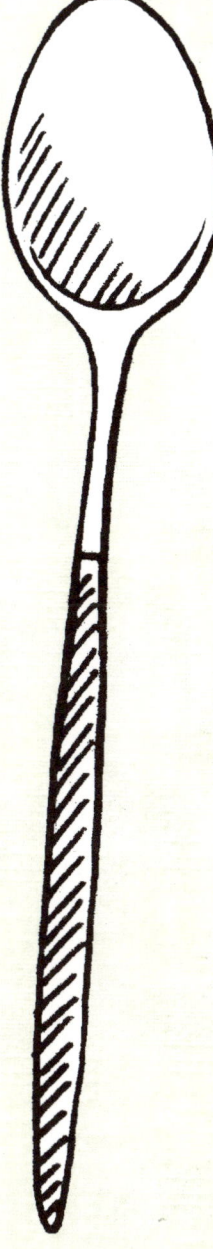

SAUCEN!

ORIENTALISCHE SAUCE

SÜSSSAURE SAUCE

SCHALOTTEN-CONFIT

HELLE MINZSAUCE

SCHARFE SAUCE MIT
PEPERONI

ANANAS-CHUTNEY

SAUCEN!

ORIENTALISCHE SAUCE

Für 6 Personen/Zubereitungszeit: 15 Minuten/Keine Garzeit

1 kleine Zwiebel und 2 Knoblauchzehen abziehen und hacken. 2 Stängel Koriander waschen und hacken. 1 EL Harissa in einer Schüssel mit 1 EL heißem Wasser verrühren. 200 g hausgemachte Mayonnaise, die Zwiebel, den Knoblauch und den Koriander hinzufügen und das Ganze gut mischen. Die Sauce im Kühlschrank aufbewahren.

Passt bestens zu Frikadellen und Spießen aus Lammfleisch oder Huhn.

SCHALOTTEN-CONFIT

Für 6 Personen/Zubereitungszeit: 20 Minuten/Garzeit: 30 Minuten

500 g Schalotten abziehen und der Länge nach in dünne Scheiben schneiden. Mit 40 g Butter in einer Sauteuse 5 Minuten lang auf kleiner Flamme andünsten. 60 g Zucker hinzufügen und das Ganze so lange vermischen, bis die Schalotten gut ummantelt sind. 400 ml Wein angießen, salzen und pfeffern. Zum Kochen bringen, dann 25–30 Minuten auf mittlerer Hitze kochen lassen, bis die Schalotten kandiert sind.

Passt bestens zu Frikadellen und Spießen aus Lammfleisch, Huhn, Kalb oder Rind.

SÜSSSAURE SAUCE

Für 6 Personen/Zubereitungszeit: 15 Minuten/Garzeit: 30 Minuten

1 mittelgroße Zwiebel abziehen und hacken. In einen Topf geben. 150 ml Rotweinessig, 70 g Zucker, 100 ml Wasser, 2 Prisen Paprikapulver und Salz hinzufügen. Zum Kochen bringen, danach unter ständigem Rühren 30 Minuten bei mittlerer Hitze kochen lassen. Den Herd ausschalten und die Sauce abkühlen lassen.

Passt bestens zu Fisch- oder Gambaspießen und -frikadellen sowie zu Spießen und Frikadellen aus Schweinefleisch oder Huhn.

HELLE MINZSAUCE

Für 6 Personen/Zubereitungszeit: 15 Minuten/Keine Garzeit/Kühlzeit: 1 Stunde

1 mittelgroße Zwiebel und 2 Knoblauchzehen abziehen und hacken. 20 frische Minzblätter waschen und fein hacken. 250 g Speisequark in einer Schüssel mit Salz, Pfeffer, 2 EL Olivenöl und dem Saft von 1 Zitrone verrühren. Die Zwiebel, den Knoblauch und die Minze hinzufügen und unterrühren. Die Sauce vor dem Servieren 1 Stunde in den Kühlschrank stellen.

Passt bestens zu Frikadellen und Spießen aus Kalb, Lamm oder Gemüse, zu Köfte und zu Fischkroketten.

SCHARFE SAUCE MIT PEPERONI

Für 6 Personen/Zubereitungszeit: 20 Minuten/Garzeit: 30 Minuten

1 lange rote Peperoni entkernen und in dünne Scheiben schneiden. 3 große Schalotten abziehen und in dünne Scheiben schneiden. Die Peperoni und die Schalotten zusammen mit 2 EL Zucker, 3 EL Fischsauce (Nuoc Mam), 200 ml Reisessig, 20 g frisch geriebenem Ingwer, 50 ml Wasser sowie Salz und Pfeffer in einen Topf geben. Gut durchmischen, dann das Ganze 30 Minuten auf mittlerer Stufe kochen lassen. Den Herd ausschalten und die Sauce abkühlen lassen.

Passt bestens zu Spießen und Frikadellen aus Fisch oder Schweinefleisch.

ANANAS-CHUTNEY

Für 6 Personen/Zubereitungszeit: 20 Minuten/Garzeit: 1 Stunde

2 große Schalotten und 2 Knoblauchzehen abziehen und hacken. 1 kleine süße Paprika entkernen und hacken. 250 g Ananas schälen und in kleine Würfel schneiden. Die Ananaswürfel zusammen mit den Schalotten, dem Knoblauch und der Paprika in einen Topf geben. 75 g Zucker, 150 ml Weinessig, 100 ml Wasser sowie Salz und Pfeffer hinzufügen. Das Ganze mischen und 1 Stunde auf kleiner Flamme eindicken lassen. Abkühlen lassen. Das Chutney in einem Gefäß im Kühlschrank aufbewahren.

Passt bestens zu Frikadellen und Spießen aus Kalbfleisch, Huhn oder Schweinefleisch.

MARINADEN!

ANISMARINADE

THAI-MARINADE

INDISCHE MARINADE

WÜRZMARINADE

ZITRUSMARINADE

GRÜNE MARINADE

MARINADEN!

ANISMARINADE

Für 6 Personen/Zubereitungszeit: 15 Minuten/Marinierzeit: ca. 2 Stunden

50 ml Zitronensaft in einer Schüssel mit 2 EL Pastis, Salz und Pfeffer verrühren. 150 ml Olivenöl hinzufügen und das Ganze mit dem Schneebesen zu einer Emulsion verrühren. Danach 2 EL Fenchelsamen und 1 EL kleine Thymianzweige einrühren.

Bestens geeignet zum Marinieren von Hähnchen-, Thunfisch-, Schwertfisch- und Kabeljauspießen.

THAI-MARINADE

Für 6 Personen/Zubereitungszeit: 20 Minuten/Marinierzeit: ca. 4 Stunden

30 g frische Ingwerwurzel schälen und reiben. 3 Knoblauchzehen abziehen und hacken. 1 kleine dunkelrote Peperoni entkernen und in hauchdünne Scheiben schneiden. 20 Blätter Thai-Basilikum (oder gewöhnliches Basilikum oder Koriander) waschen und klein schneiden. Alle Zutaten in einer Schüssel vermischen. 150 ml süße sowie 100 ml salzige Sojasauce hinzufügen.

Bestens geeignet zum Marinieren von Gamba-, Fisch-, Hähnchen- oder Entenspießen.

INDISCHE MARINADE

Für 6 Personen/Zubereitungszeit: 20 Minuten/Marinierzeit: ca. 4 Stunden

1 gehäuften EL Currypulver in einer Schüssel mit Salz, Pfeffer und 50 ml heißem Wasser verrühren, bis sich das Pulver ganz aufgelöst hat. Abkühlen lassen. 1 rote Zwiebel abziehen und in feine Ringe schneiden. Den Saft von ½ Zitrone zur Curry-Mischung hinzufügen, dann 100 ml Olivenöl mit dem Schneebesen einrühren. Die Zwiebelringe hinzufügen.

Bestens geeignet zum Marinieren von Rind-, Lamm- und Schweinefleischspießen.

WÜRZMARINADE

Für 6 Personen/Zubereitungszeit: 15 Minuten/Marinierzeit: ca. 4 Stunden

½ Bund Koriander waschen und hacken. ½ rote Zwiebel abziehen und hacken. 1 gehäuften EL Harissa in einer Schüssel mit 50 ml heißem Wasser, 2 EL Zitronensaft und etwas Salz verrühren. 100 ml Olivenöl mit dem Schneebesen einrühren. Die Zwiebel und den Koriander hinzufügen. Das Ganze verrühren.

Bestens geeignet zum Marinieren von Lamm- und Rindfleischspießen.

ZITRUSMARINADE

Für 6 Personen/Zubereitungszeit: 15 Minuten/Marinierzeit: ca. 2 Stunden

1 Limette waschen, die Schale reiben. 3 große Orangen, 2 Limetten und 1 Zitrone auspressen. Den Saft in einer Schüssel mit etwas Salz, Pfeffer und einer reichlichen Prise Paprikapulver verrühren. 100 ml Olivenöl mit einem Schneebesen einrühren, danach den Limettenabrieb hinzufügen.

Bestens geeignet zum Marinieren von Fisch- und Hähnchenspießen.

GRÜNE MARINADE

Für 6 Personen/Zubereitungszeit: 15 Minuten/Marinierzeit: ca. 4 Stunden

½ Bund Kerbel, 3 Zweige Estragon und 1 kleines Sträußchen glatte Petersilie waschen und klein hacken. 2 große Schalotten abziehen und sehr fein hacken. Den Saft von 1 Zitrone in einer Schüssel mit etwas Salz und Pfeffer verrühren. 100 ml Olivenöl mit dem Schneebesen einrühren. Zum Schluss alle Kräuter und die gehackten Schalotten hinzufügen.

Bestens geeignet zum Marinieren von Hähnchen-, Thunfisch-, Schwertfisch- und Schellfischspießen.

BÄLLCHEN UND KLÖSSE!

Hähnchenfleischbällchen mit Ziegenkäse, Pistazien und Feigen

ZUBEREITUNGSZEIT: **40 Minuten**
GARZEIT: **25 Minuten**

ZUTATEN

Für 6 Personen

- 4 große Hähnchenbrustfilets
- 100 g Pistazien ohne Schale
- 1 Zwiebel
- 180 g weicher Ziegenkäse
- 6 weiche Feigen
- 50 ml Olivenöl
- 2 EL Honig
- Salz, Pfeffer aus der Mühle

❯ Die Hähnchenbrustfilets in einer Küchenmaschine klein hacken. Die Pistazien im Mixer zu Pulver zermahlen. Die Zwiebel abziehen und hacken.

❯ Den Ziegenkäse in kleine Stücke schneiden. Die Feigen würfeln.

❯ Die Zwiebel in einem Topf mit 2 EL Olivenöl auf kleiner Flamme glasig andünsten. Die Feigen und den Honig hinzufügen. Unter ständigem Rühren 2 Minuten auf mittlerer Stufe leicht karamellisieren lassen. Abkühlen lassen.

❯ Den Backofen auf 170 °C vorheizen.

❯ Das gehackte Hühnerfleisch in einer Schüssel mit Feigen, Zwiebeln, Ziegenkäse und einem Viertel des Pistazienpulvers vermischen. Salzen und pfeffern.

❯ Das übrige Pistazienpulver auf einen Teller geben. Aus der Fleischmasse walnussgroße Bällchen formen und im Pistazienpulver wälzen, dabei leicht andrücken, damit das Pulver gut haftet.

❯ Die Bällchen auf ein mit Backpapier belegtes Backblech legen und mit dem restlichen Olivenöl beträufeln. Die Bällchen im Ofen 20—25 Minuten backen. Die fertigen Fleischbällchen heiß servieren, dazu gebratene Tomaten und einen Kräutersalat reichen.

Hierzu passt eine süßsaure Sauce (siehe Rezept auf S. 12).

HÄHNCHENFLEISCHBÄLLCHEN MIT SCHWARZEN CHAMPIGNONS

ZUBEREITUNGSZEIT: 30 Minuten
EINWEICHZEIT: 10 Stunden
GARZEIT: 20 Minuten

ZUTATEN

Für 6 Personen

- 40 g getrocknete schwarze Champignons
- 500 g Hähnchenbrustfilet
- 1 mittelgroße Zwiebel
- 50 ml Sonnenblumenöl
- 3 EL Fischsauce (Nuoc Mam)
- 2 EL Austernsauce
- 50 ml salzige Sojasauce
- 150 ml Teriyaki-Sauce
- 50 g geröstete Sesamkörner
- Salz, Pfeffer aus der Mühle

≫ Die getrockneten schwarzen Champignons am Vorabend in einem großen Gefäß mit kaltem Wasser einweichen, damit sie wieder Flüssigkeit aufnehmen.

≫ Am Zubereitungstag die schwarzen Champignons abtropfen lassen. Ein Viertel in große Stücke schneiden, den Rest fein hacken.

≫ Die Hähnchenbrustfilets mithilfe einer Küchenmaschine zerkleinern.

≫ Die Zwiebel abziehen und hacken. In einem Topf mit der Hälfte des Öls 5 Minuten auf mittlerer Stufe andünsten. Die gehackten Champignons, die Fischsauce und die Austernsauce hinzufügen. Vermischen und abkühlen lassen.

≫ Das Hähnchenfleisch in einer Schüssel mit der Mischung aus dem Topf sowie etwas Salz und Pfeffer vermischen. Aus der Masse walnussgroße Bällchen formen.

≫ Die Bällchen in einer Pfanne mit dem restlichen Öl bei starker Hitze kurz anbraten. Die Soja- und die Teriyaki-Sauce sowie die Sesamkörner in die Pfanne geben. Die Champignonstücke hinzufügen und das Ganze 5 Minuten bei starker Hitze weiterbraten. Dabei die Fleischbällchen in der Sauce wenden, bis sie ganz überzogen sind.

≫ Mit Duftreis servieren.

HÄHNCHENFLEISCHBÄLLCHEN MIT CASHEWNÜSSEN UND KORIANDER

ZUBEREITUNGSZEIT: **30 Minuten**

GARZEIT: **30 Minuten**

ZUTATEN

Für 6 Personen

- 750 g Hähnchenbrustfilet
- 300 g Cashewnüsse
- 50 ml Milch
- 2 Scheiben Toastbrot ohne Kruste
- 1 mittelgroße Zwiebel
- 2 Knoblauchzehen
- 1 kleine Stange Sellerie
- 4 Stängel Koriander
- 100 ml Olivenöl
- 2 EL flüssiger Honig
- 1 Ei
- Salz, Pfeffer aus der Mühle

≫ Die Hähnchenbrustfilets mithilfe einer Küchenmaschine zerkleinern.

≫ Die Cashewnüsse im Mixer zu grobem Pulver zerkleinern.

≫ Die Milch in eine Schüssel geben, das Toastbrot bröckchenweise hinzufügen. 10 Minuten einweichen.

≫ Die Zwiebel und die Knoblauchzehen abziehen und hacken. Den Sellerie waschen und putzen, danach in kleine Würfel schneiden. Den Koriander waschen und hacken.

≫ Die Zwiebel, den Knoblauch und den Sellerie in einer Pfanne mit der Hälfte des Olivenöls 5–6 Minuten auf mittlerer Stufe andünsten. Die Hälfte der zerkleinerten Nüsse sowie den Honig hinzufügen und unter Rühren weitere 4–5 Minuten dünsten. Den Herd ausschalten und den Koriander hinzufügen. Abkühlen lassen.

≫ Den Backofen auf 180 °C vorheizen.

≫ Das Hühnerfleisch in einer Schüssel mit der Mischung aus der Pfanne vermengen. Salzen und pfeffern. Das Toastbrot auspressen, zusammen mit dem Ei hinzufügen. Das Ganze mit den Händen verkneten, sodass eine gleichmäßige Masse entsteht. Walnussgroße Bällchen formen und im restlichen Nusspulver wälzen.

≫ Die Bällchen auf ein mit Backpapier belegtes Backblech legen und mit dem restlichen Olivenöl beträufeln. Die Bällchen im Ofen 25–30 Minuten backen. Mit hausgemachten Pommes frites und einer süßsauren Sauce servieren.

SCHWEINEHACKBÄLLCHEN MIT ERDNÜSSEN UND ROTEN ZWIEBELN

ZUBEREITUNGSZEIT: 30 Minuten
GARZEIT: 25 Minuten

ZUTATEN

Für 6 Personen

- 150 g gesalzene Erdnüsse
- 1 große rote Zwiebel
- 1 kleines Bund Koriander
- 80 ml Olivenöl
- 2 gehäufte EL flüssiger Honig
- 800 g Gehacktes vom Schwein
- 25 g Butter
- 100 ml süße Soja- oder Teriyaki-Sauce
- Salz, Pfeffer aus der Mühle

Für die Sauce

- 3 EL hausgemachte Mayonnaise
- 1 EL Ketchup
- einige Tropfen Tabascosauce
- Salz

> Für die Sauce die Mayonnaise in einer Schüssel mit dem Ketchup, der Tabascosauce, 2 EL kaltem Wasser und etwas Salz verrühren. In den Kühlschrank stellen.

> Die Erdnüsse hacken. Die Zwiebel abziehen und hacken. Den Koriander waschen und klein schneiden.

> Die Zwiebel in einer Pfanne mit der Hälfte des Olivenöls 6–8 Minuten auf mittlerer Stufe andünsten. Die Erdnüsse sowie den Honig hinzufügen. Umrühren und das Ganze weitere 5 Minuten auf kleiner Flamme dünsten. Den Herd ausschalten und den Koriander hinzufügen. Abkühlen lassen.

> Das Hackfleisch in einer Schüssel mit der Mischung aus der Pfanne sowie etwas Salz und Pfeffer vermischen. Aus der Masse walnussgroße Bällchen formen.

> Die Fleischbällchen zusammen mit der Butter und dem restlichen Öl in die Pfanne geben und 8–10 Minuten bei mittlerer Hitze anbraten. Dabei rollen, sodass sie gleichmäßig goldbraun werden. Die Soja- oder Teriyaki-Sauce hinzufügen und die Bällchen damit überziehen. Zusammen mit der Sauce heiß servieren.

> Sie können die Fleischbällchen auch mit einigen Salatblättern und dünn geschnittenen roten Zwiebeln auf Pitabrot oder Naan reichen.

ZUBEREITUNGSZEIT: **50 Minuten**

GARZEIT: **20 Minuten**

ZUTATEN

Für 6 Personen

- 200 g Schweinenetz (vom Fleischer)
- 2 Halme Zitronengras
- 2 mittelgroße Zwiebeln
- 50 ml Olivenöl
- 3 EL Austernsauce
- 3 EL Fischsauce (Nuoc Mam)
- 750 g Gehacktes vom Schwein
- 150 ml Teriyaki-Sauce
- Salz, Pfeffer aus der Mühle

SCHWEINEHACKBÄLLCHEN MIT ZITRONENGRAS IM SCHWEINENETZ

≫ Das Schweinenetz in einer großen Schüssel mit kaltem Wasser einweichen.

≫ Vom Zitronengras die äußeren Blätter entfernen und die weiche Partie des Halms in sehr kleine Stücke schneiden. Die Zwiebeln abziehen und hacken.

≫ Die Zwiebeln zusammen mit dem Zitronengras in einem Topf mit der Hälfte des Olivenöls auf mittlerer Stufe 8—10 Minuten andünsten. Die Austern- und die Fischsauce sowie ein wenig Pfeffer und Salz hinzufügen. Das Ganze gut vermischen und weitere 3—4 Minuten dünsten. Abkühlen lassen.

≫ Das Hackfleisch in einer Schüssel mit der Zubereitung aus dem Topf vermischen. Aus der Masse walnussgroße Bällchen formen.

> Das Schweinenetz unter kaltem Wasser abspülen und mit den Händen auswringen. Auf der Arbeitsplatte ausbreiten und in 10–12 cm große Vierecke schneiden.

> Jedes Fleischbällchen mit 1 Viereck aus Schweinenetz umhüllen. Je zwei umhüllte Bällchen auf ein Holzstäbchen (oder einen Halm Zitronengras) spießen.

> Das restliche Öl in einer großen Pfanne erhitzen und die Fleischbällchen 10–12 Minuten auf mittlerer Stufe braten. Dabei häufig wenden. Die Temperatur etwas erhöhen und die Teriyaki-Sauce in die Pfanne geben. Weitere 8–10 Minuten braten. Die Bällchen unter ständigem Drehen löffelweise mit der Sauce beträufeln, bis sie ganz umhüllt sind. Sofort servieren – mit Reis oder mit einem Chinakohl-Kräuter-Salat.

Schweinehackbällchen mit Camembert-Füllung

ZUBEREITUNGSZEIT: 30 Minuten
GARZEIT: 12–15 Minuten

ZUTATEN

Für 6 Personen

- 2 Scheiben Toastbrot
- 50 ml Milch
- 1 Zwiebel
- 3 Zweige Estragon
- 50 ml Sonnenblumenöl
- 200 g Rohmilch-Camembert
- 750 g Gehacktes vom Schwein
- 2 EL Mehl
- Salz, Pfeffer aus der Mühle

≫ Vom Toastbrot die Kruste entfernen. Das Brot bröckchenweise in eine Schüssel geben und die Milch hinzufügen. Beiseitestellen.

≫ Die Zwiebel abziehen und hacken. Die Estragonblätter abstreifen und hacken.

≫ Die Zwiebel in einer Pfanne mit 1 Esslöffel Öl 6–8 Minuten bei mittlerer Hitze andünsten. Abkühlen lassen.

≫ Den Camembert in große Würfel schneiden.

≫ Das Hackfleisch in einer Schüssel mit der Zwiebel, dem eingeweichten Toast, dem Estragon sowie etwas Salz und Pfeffer vermengen. Aus der Masse walnussgroße Bällchen formen. Mit dem Daumen einen Hohlraum in jedes Fleischbällchen drücken. Die Hohlräume mit je 1 Würfel Camembert füllen, dann die Bällchen wieder verschließen.

≫ Das Mehl auf einen Teller geben und die Fleischbällchen darin wenden, bis sie ganz von Mehl umhüllt sind.

≫ Das restliche Öl in einer großen Pfanne erhitzen und die Bällchen darin 12–15 Minuten bei mittlerer Hitze goldbraun braten. Dabei häufig wenden. Mit einem Salat oder einem Kartoffelgratin servieren.

Sie können die Füllung auch durch kleine Apfelstücke ergänzen. Dafür 1 Apfel (Golden Delicious) würfeln und in einer Pfanne mit 20 g Butter und 25 g Zucker 5 Minuten bei mittlerer Hitze braten.

30

KALBFLEISCHBÄLLCHEN MIT SHIITAKE-PILZEN UND WASABI

ZUBEREITUNGSZEIT: **30 Minuten**
GARZEIT: **15 Minuten**

ZUTATEN

Für 6 Personen

- 400 g Shiitake-Pilze
- 2 Schalotten
- 50 ml Sonnenblumenöl
- 2 EL flüssiger Honig
- 600 g Gehacktes vom Kalb
- 1 TL Wasabipaste
- 50 ml süße Sojasauce
- Salz, Pfeffer aus der Mühle

≫ Die Shiitake-Pilze mit einem feuchten Tuch oder einer kleinen Bürste vorsichtig säubern, danach grob hacken. Die Schalotten abziehen und hacken.

≫ Die Schalotten in einer Pfanne in der Hälfte des Öls 3 Minuten bei mittlerer Hitze andünsten. Die Shiitake-Pilze hinzufügen, das Ganze salzen und pfeffern und 4–5 Minuten bei mittlerer Hitze unter ständigem Rühren weitergaren. Den Honig hinzugeben und leicht karamellisieren lassen. Den Herd ausschalten und den Pfanneninhalt abkühlen lassen.

≫ Die Shiitake-Pilze mit dem gehackten Kalbfleisch, dem Wasabi sowie etwas Salz und Pfeffer in einer Schüssel vermengen. Aus der Masse walnussgroße Bällchen formen.

≫ Das restliche Öl in einer Pfanne erhitzen und die Bällchen darin 8–10 Minuten bei mittlerer Hitze braten. Die Sojasauce in die Pfanne gießen und gut untermischen, bis die Bällchen ganz von Sauce umhüllt sind. 4–5 Minuten weiterbraten, bis die Sauce eingekocht ist und die Fleischbällchen einen leicht glänzenden Überzug haben. Auf einem Salatbett servieren, eventuell Wasabi dazu reichen.

KALBFLEISCHBÄLLCHEN UND PIPERADE IM SCHWEINENETZ

ZUBEREITUNGSZEIT: 45 Minuten
GARZEIT: 30 Minuten

ZUTATEN

Für 6 Personen

- 2 rote Paprika
- 1 gelbe Paprika
- ½ Zwiebel
- 2 Knoblauchzehen
- 800 g Gehacktes vom Kalb (Schulter o.ä.)
- 10 Blätter Basilikum
- 50 ml Olivenöl
- 2 Zweige Thymian
- 200 g Schweinenetz (vom Fleischer)
- Salz, Pfeffer aus der Mühle

≫ Die Paprikaschoten waschen, entkernen und in kleine Würfel schneiden. Die Zwiebel und die Knoblauchzehen abziehen und hacken. Das Basilikum waschen und klein schneiden.

≫ Die Zwiebel und den Knoblauch in einer Pfanne in der Hälfte des Olivenöls 3 Minuten auf kleiner Flamme andünsten. Paprika, Thymianzweige sowie etwas Pfeffer und Salz hinzufügen. Das Ganze 12–15 Minuten unter ständigem Rühren bei mittlerer Hitze garen. Den Herd ausschalten, das Basilikum hinzugeben und untermischen. Abkühlen lassen.

≫ Das Schweinenetz in einem Gefäß mit kaltem Wasser einweichen.

≫ Das gehackte Kalbfleisch in einer Schüssel mit der Paprikamischung, etwas Salz und Pfeffer vermengen. Aus der Masse walnussgroße Bällchen formen.

≫ Das Schweinenetz abtropfen lassen und mit den Händen auspressen. In kleine Vierecke schneiden. Jedes Fleischbällchen mit 1 Viereck aus Schweinenetz umwickeln und das Viereck dabei gut festziehen.

≫ Das restliche Öl in einer Pfanne bei mittlerer Hitze erwärmen, die Fleischbällchen darin 6–8 Minuten braten. Die Bällchen wenden, bei geringerer Hitze weitere 8–10 Minuten goldbraun braten. Mit sautierten Karotten und gemischtem Salat servieren.

Kalbfleischbällchen mit Mozzarella-Füllung und Parmaschinkenhülle

ZUBEREITUNGSZEIT: 30 Minuten
GARZEIT: 15 Minuten

ZUTATEN

Für 6 Personen

- 2 Scheiben Toastbrot
- 80 ml Milch
- 1 Zwiebel
- 200 g Mozzarella
- 700 g Gehacktes vom Kalb
- 1 gehäufter EL Pistou (provenzalisches Pesto)
- 24 sehr dünne Scheiben Parmaschinken
- 250 ml Balsamicoessig
- 1 EL Zucker
- 15 g Butter
- 50 ml Olivenöl
- Salz, Pfeffer aus der Mühle

》 Vom Toastbrot die Kruste entfernen. Das Brot bröckchenweise in eine Schüssel geben und mit der Milch bedecken.

》 Die Zwiebel abziehen und sehr fein hacken. Den Mozzarella in 24 kleine Würfel schneiden.

》 Das Hackfleisch mit den Händen in einer Schüssel mit der Zwiebel, dem Pistou, dem eingeweichten Toast und etwas Salz und Pfeffer vermischen.

》 Aus der Masse 24 walnussgroße Bällchen formen. Jedes Bällchen mit 1 Mozzarella-Würfel füllen und wieder verschließen. Die Bällchen mit je 1 Scheibe Parmaschinken umwickeln, den Schinken dabei leicht andrücken. Die Bällchen in den Kühlschrank stellen.

》 Den Balsamico mit dem Zucker in einen Topf geben. Zum Kochen bringen, dann bei mittlerer Hitze reduzieren, bis der Essig leicht dickflüssig wird. Die Butter mit dem Schneebesen einrühren. Die Sauce warm stellen (aber nicht mehr kochen).

》 Den Backofen auf 180 °C vorheizen.

》 Das Olivenöl in einer großen Pfanne erhitzen. Die Fleischbällchen darin bei mittlerer Hitze 4–5 Minuten goldbraun braten. Danach in eine ofenfeste Form legen und 8–10 Minuten im Ofen backen.

》 Mit der Balsamico-Sauce servieren.

KALBFLEISCHBÄLLCHEN MIT PINIENKERNEN UND GORGONZOLA

ZUBEREITUNGSZEIT: 40 Minuten
GARZEIT: 20 Minuten

ZUTATEN

Für 6 Personen

- 100 g Pinienkerne
- 2 Knoblauchzehen
- 1 mittelgroße Zwiebel
- 10 Blätter Basilikum
- 250 g Gorgonzola
- 750 g Gehacktes vom Kalb
- 100 g Mehl
- 300 ml Sahne
- 100 ml Olivenöl
- Salz, Pfeffer aus der Mühle

≫ Die Pinienkerne in einer trockenen Pfanne 3 Minuten auf kleiner Flamme rösten, danach grob hacken.

≫ Die Knoblauchzehen und die Zwiebel abziehen und hacken. Die Basilikumblätter waschen und klein schneiden. Den Gorgonzola in kleine Stücke schneiden.

≫ Das Hackfleisch in einer Schüssel mit den Händen mit 150 g Gorgonzola, Pinienkernen, Knoblauch, Zwiebel, Basilikum sowie etwas Salz und Pfeffer vermengen. Aus der Masse walnussgroße Bällchen formen und in Mehl wälzen. In den Kühlschrank stellen.

≫ Die Sahne in einem großen Topf mit etwas Salz und Pfeffer 5 Minuten bei mittlerer Hitze aufkochen. Den restlichen Gorgonzola hinzufügen und unter ständigem Rühren 5 Minuten kochen lassen. Danach mit dem Stabmixer zu einer cremigen Sauce verrühren.

≫ Das restliche Olivenöl in einer großen Pfanne erhitzen und die Fleischbällchen darin 8–10 Minuten bei mittlerer Hitze goldbraun braten. Die Bällchen danach in den Topf mit der Gorgonzola-Sauce geben und 8–10 Minuten auf kleiner Flamme köcheln lassen.

≫ Mit Linguine oder Spaghetti und etwas Basilikum heiß servieren.

POLPETTE

ZUBEREITUNGSZEIT: **30 Minuten**
GARZEIT: **45 Minuten**

ZUTATEN

Für 6 Personen

- 50 ml Milch
- 4 Scheiben Toastbrot ohne Kruste
- 5 Knoblauchzehen
- 1 Bund glatte Petersilie
- 15 Blätter Basilikum
- 90 g Parmesan
- 90 g Pecorino
- 900 g Gehacktes vom Kalb
- 2 große Eier
- 1 große Zwiebel
- 100 ml Olivenöl
- 1 l passierte Tomaten
- 100 g Mehl
- Salz, Pfeffer aus der Mühle

≫ Die Milch in eine Schüssel gießen. Das Toastbrot bröckchenweise in der Milch einweichen.

≫ 3 Knoblauchzehen abziehen und hacken. Die Petersilie und 10 Basilikumblätter waschen und klein hacken. Beide Sorten Käse reiben.

≫ Das Hackfleisch mit den Händen mit dem gehackten Knoblauch, dem eingeweichten Toastbrot, den Eiern, dem geriebenem Käse, der Petersilie und dem Basilikum sowie mit etwas Salz und Pfeffer in einer Schüssel vermischen. Aus der Masse walnussgroße Bällchen formen. In den Kühlschrank stellen.

≫ Die Zwiebel sowie die übrigen Knoblauchzehen schälen und klein hacken.

≫ Die Zwiebel und den Knoblauch in einem Schmortopf in der Hälfte des Olivenöls 5 Minuten auf mittlerer Stufe andünsten. Das Tomatenpüree, 200 ml Wasser sowie etwas Salz und Pfeffer hinzufügen. 10 Minuten bei mittlerer Hitze schmoren.

≫ Unterdessen die Fleischbällchen im Mehl wälzen, dann in einer großen Pfanne im restlichen Olivenöl bei starker Hitze goldbraun braten. Danach in den Schmortopf geben und bei geschlossenem Deckel 45 Minuten auf kleiner Flamme schmoren lassen.

≫ Das restliche Basilikum klein schneiden und über den Polpette verteilen.

≫ Mit hausgemachten Nudeln und geriebenem Parmesan heiß servieren.

RINDFLEISCHBÄLLCHEN MIT PAPRIKA

ZUBEREITUNGSZEIT: 30 Minuten
GARZEIT: 50 Minuten

ZUTATEN

Für 6 Personen

- 120 g Leinsamen
- 3 Zwiebeln
- 50 ml Sonnenblumenöl
- 3 EL Paprikapulver
- 800 g Gehacktes vom Rind
- 25 g Butter
- 100 ml Weißwein
- 400 ml Sahne
- 2 Stängel Koriander
- Salz, Pfeffer aus der Mühle

≫ Die Leinsamen auf einen Teller geben.

≫ 1 Zwiebel abziehen und hacken. In einer Pfanne mit 1 EL Öl 10 Minuten auf kleiner Flamme andünsten. 1 EL Paprika hinzufügen und unter Rühren 1 Minute anbräunen. Den Herd ausschalten, die Mischung abkühlen lassen.

≫ Das Hackfleisch in einer Schüssel mit der Zwiebel und etwas Salz und Pfeffer vermischen. Aus der Masse walnussgroße Bällchen formen und diese in den Leinsamen wälzen. In den Kühlschrank stellen.

≫ Die übrigen Zwiebeln abziehen und in dünne Ringe schneiden. In einem Schmortopf auf kleiner Flamme 10 Minuten in der Butter andünsten. Das restliche Paprikapulver hinzufügen und unter Rühren 1 Minute anbräunen. Den Weißwein angießen und 5 Minuten kochen lassen. Die Sahne sowie etwas Salz und Pfeffer hinzufügen. Gut umrühren und weitere 10 Minuten auf kleiner Flamme köcheln lassen.

≫ Den Koriander waschen und klein hacken.

≫ Die Rindfleischbällchen in einer großen Pfanne mit dem restlichen Öl auf jeder Seite 2 Minuten anbraten. Die Bällchen danach in den Saucentopf geben und bei geschlossenem Deckel 20 Minuten auf kleiner Flamme köcheln lassen. 5 Minuten vor Ende der Garzeit den Deckel abnehmen. Die Fleischbällchen aus dem Topf nehmen und die Sauce bei Bedarf noch etwas eindicken lassen.

≫ Die Bällchen mit Koriander bestreuen und sofort servieren.

Dazu schmeckt mit Kardamom oder Curry gewürzter Basmatireis.

43

LAMMKLÖSSCHEN MIT ROTEM CURRY, KORIANDER UND KOKOS

ZUBEREITUNGSZEIT: 40 Minuten

GARZEIT: 45 Minuten

ZUTATEN

Für 6 Personen

- 2 EL Koriandersamen
- 1 kleines Bund frischer Koriander
- 2 große Zwiebeln
- 900 g Gehacktes vom Lamm
- 2 Karotten
- 2 Zucchini
- 3 EL Mehl
- 50 ml Olivenöl
- 2 gehäufte EL rote Currypaste
- 100 ml Kokosmilch
- 3 Halme Kerbel, gehackt
- Salz, Pfeffer aus der Mühle

❯ Die Koriandersamen grob zerstoßen. Vom frischen Koriander die Blätter abzupfen und klein hacken. 1 Zwiebel abziehen und hacken.

❯ Das Fleisch mit den Händen in einer Schüssel mit der gehackten Zwiebel, dem frischen Koriander und den Samen sowie mit etwas Salz und Pfeffer zu einer gleichmäßigen Masse vermengen. Walnussgroße Bällchen formen.

❯ Die Karotten waschen und putzen. Die Zucchini waschen. Das Gemüse in Stücke schneiden. Die zweite Zwiebel abziehen und in dünne Ringe schneiden.

❯ Die Fleischklößchen in Mehl wälzen. Das Olivenöl in einem Topf erhitzen und die Klöße darin 2–3 Minuten bei starker Hitze anbraten. Die Hitze verringern, die Zwiebelringe hinzufügen und das Ganze unter Rühren weitere 5 Minuten schmoren lassen. Die Currypaste hinzufügen und 2 Minuten anbräunen. Die Kokosmilch angießen und genug Wasser, um die Klöße zu bedecken. Salzen und pfeffern. Die Karotten hinzugeben und das Ganze bei geschlossenem Deckel 20 Minuten bei mittlerer Hitze garen.

❯ Die Zucchini in den Topf geben und weitere 20 Minuten garen. Bei Bedarf mehr Wasser nachgießen.

❯ Vor dem Servieren Lammklößchen und Gemüse mit dem Kerbel bestreuen. Sofort genießen.

LAMMKLÖSSCHEN AUF MAROKKANISCHE ART

ZUBEREITUNGSZEIT: 30 Minuten
GARZEIT: 45 Minuten

ZUTATEN

Für 6 Personen

- 2 Tomaten
- 900 g Gehacktes vom Lamm (Schulter)
- 500 g junge Karotten
- 2 Zwiebeln
- 1 kleines Bund Koriander
- 1 Salzzitrone
- 100 ml Olivenöl
- 2 EL Honig
- 1 EL Kümmel
- 1 EL Ras el-Hanout
- 1 EL Harissa
- 80 g Mehl
- 200 g kleine schwarze Oliven
- Salz, Pfeffer aus der Mühle

≫ Die Tomaten waschen, halbieren und entkernen. Das Fleisch grob zerkleinern.

≫ Die Karotten waschen, putzen und in lange Stäbchen schneiden. 1 Zwiebel abziehen und hacken. Den Koriander waschen und klein hacken.

≫ Die Salzzitrone vierteln, Mitte und Kerne entfernen. 1 Viertel in kleine Würfel schneiden, den Rest verwahren.

≫ Die gehackte Zwiebel in einer Pfanne in der Hälfte des Olivenöls 5–7 Minuten auf mittlerer Stufe andünsten. Die Zitronenwürfel sowie den Honig hinzufügen. Gut durchmischen und weitere 3 Minuten schmoren. Abkühlen lassen.

≫ Das Hackfleisch in einer Schüssel mit dem Pfanneninhalt vermischen. Alle Gewürze, die Harissa und den Koriander hinzufügen. Aus der Masse walnussgroße Bällchen formen und in Mehl wälzen.

≫ Die zweite Zwiebel abziehen und hacken.

≫ Die Klößchen in einem Topf im restlichen Olivenöl 3–4 Minuten bei starker Hitze anbraten. Die Zwiebel hinzufügen und 3 weitere Minuten braten. Die Hitze verringern und die übrigen Zitronenviertel, die Tomaten und die Oliven in den Topf geben.

≫ Die Klöße mit kaltem Wasser bedecken, dann die Karottensticks in den Topf legen. Salzen und pfeffern. Bei geschlossenem Deckel 30 Minuten auf mittlerer Stufe garen. Dann den Deckel abnehmen und weitere 10–15 Minuten auf mittlerer Stufe garen. Heiß servieren.

ZUBEREITUNGSZEIT: **20 Minuten**
RUHEZEIT: **30 Minuten**
GARZEIT: **30 Minuten**

ZUTATEN

Für 6 Personen

- 2 große Auberginen
- körniges Salz
- 10 Backpflaumen
- 180 g Ossau-Iraty (frz. Schnittkäse aus Schafsmilch)
- 1 kleines Bund glatte Petersilie
- 4 Scheiben Bayonner Schinken
- 100 g Pinienkerne
- 500 g gehackte Lammschulter
- 1 gestrichener EL Piment d'Espelette
- 150 ml Olivenöl
- Salz, Pfeffer aus der Mühle

Lammklösschen mit Ossau-Iraty und Backpflaumen

≫ Die Auberginen waschen und in kleine Würfel schneiden. Mit einer Handvoll körnigem Salz in ein Sieb geben. Einen Teller darüberlegen und die Auberginen mindestens 30 Minuten ziehen lassen.

≫ In der Zwischenzeit die Backpflaumen entsteinen und in kleine Stücke schneiden. Den Käse entrinden und in kleine Würfel schneiden. Die Petersilie waschen und klein hacken. Den Schinken mit einem Messer grob zerkleinern.

≫ Die Pinienkerne in einem Mixer grob zermahlen.

» Das Hackfleisch in einer Schüssel mit den Händen mit Backpflaumen, Petersilie, Käse, Schinken, Piment d'Espelette, 50 ml Olivenöl und etwas Salz vermischen. Aus der Masse walnussgroße Bällchen formen und ein wenig platt drücken, sodass kleine Fladen entstehen.

» Den Backofen auf 160 °C vorheizen.

» Die zermahlenen Pinienkerne auf einen Teller geben, die Fleischbällchen zum Panieren darin wälzen.

» Die Klößchen in einer Pfanne in 50 ml Olivenöl 2 Minuten von jeder Seite bei starker Hitze anbraten. Zusammen mit dem Öl in eine Auflaufform geben. Im Ofen 30 Minuten backen.

» In der Zwischenzeit das überschüssige Salz von den Auberginen abspülen und die Auberginen in einer Pfanne mit dem restlichen Öl 15–20 Minuten bei mittlerer Hitze braten. Salzen und pfeffern.

» Die Klößchen heiß mit den gebratenen Auberginen servieren.

Sie können die Backpflaumen durch getrocknete Feigen oder Trockenaprikosen ersetzen und statt Ossau-Iraty auch Emmentaler oder Roquefort verwenden.

KNUSPRIGE FRIKADELLEN AUS ENTEN-CONFIT MIT FOIE GRAS

ZUBEREITUNGSZEIT: 30 Minuten
GARZEIT: 10 Minuten

ZUTATEN

Für 6 Personen

- 6 Salbeiblätter
- 4 im eigenen Fett gegarte Entenkeulen
- 150 g Foie gras von der Ente, halb durch
- 1 gehäufter EL Crème fraîche
- 2 Eier
- 2 EL Mehl
- 120 g Paniermehl oder Semmelbrösel
- Öl zum Frittieren
- Pfeffer aus der Mühle

≫ Den Backofen auf 160 °C vorheizen.

≫ Die Salbeiblätter klein hacken.

≫ Die Entenkeulen in eine Auflaufform legen. Im Ofen 10–15 Minuten erhitzen. Das Fett abtropfen und das Fleisch abkühlen lassen.

≫ Die Foie gras in kleine Würfel schneiden.

≫ Aus den Entenkeulen die Knochen entfernen und das Fleisch klein hacken. In einer Schüssel mit dem Salbei, der Crème fraîche und etwas Pfeffer vermischen. Aus der Masse walnuss-große Bällchen formen. Mit dem Daumen ein Loch in jedes Bällchen drücken, 1 Würfel Foie gras hineinschieben und das Bällchen wieder schließen.

≫ Die Eier in einem tiefen Teller aufschlagen. Das Mehl und das Paniermehl auf zwei andere Teller geben. Die Fleischbällchen panieren: Zunächst in Mehl wälzen, dann in Ei tauchen und schließlich mit Paniermehl umhüllen.

≫ Das Öl auf 180 °C erhitzen. Die Entenklößchen portionsweise jeweils 2–3 Minuten frittieren. Auf Küchenpapier abtropfen lassen. Sofort servieren.

Zu den Entenklößchen passen sehr gut eine Konfitüre aus schwarzen Kirschen oder ein Chutney sowie ein Rotkohlsalat.

53

ZUBEREITUNGSZEIT: **30 Minuten**   ZUTATEN
GARZEIT: **10 Minuten**

Für 6 Personen

- 1 große rote Zwiebel
- 1 Bund Kerbel
- ½ Bund Schnittlauch
- 4 Stängel Koriander
- 3 Zweige Estragon
- 600 g schottischer Lachs Label Rouge
  (ohne Haut und Gräten)
- 60 g schwarze Sesamkörner
- 80 g weiße Sesamkörner
- 1 gehäufter TL Wasabipaste
- Öl zum Frittieren
- Salz, Pfeffer aus der Mühle

Für die Kokossauce

- ½ Zwiebel
- 2 EL Olivenöl
- 1 gestrichener TL Kurkuma
- 200 ml Kokosmilch
- 100 ml Sahne
- Salz, Pfeffer aus der Mühle

Lachsklößchen mit roten Zwiebeln, frischen Kräutern und Kokossauce

> Für die Klößchen die rote Zwiebel abziehen und sehr fein hacken. Die Kräuter waschen und klein hacken. Den Lachs grob zerkleinern.

> Die schwarzen und weißen Sesamkörner auf einem Teller mischen.

≫ Den Lachs mit den Händen in einer Salatschüssel mit zwei Dritteln der Kräuter sowie mit der Zwiebel, dem Wasabi, etwas Salz und Pfeffer vermengen. Aus der Masse walnussgroße Bällchen formen und im Sesam wälzen. In den Kühlschrank stellen.

≫ Für die Sauce die halbe Zwiebel abziehen und hacken. In einem Topf im Olivenöl 5 Minuten auf mittlerer Stufe andünsten. Die Kurkuma hinzufügen und 2 Minuten unter Rühren anbräunen. Die Kokosmilch und die Sahne angießen. Salzen und pfeffern. 10 Minuten kochen lassen. Die Sauce kurz mit dem Mixer pürieren und beiseitestellen.

≫ Das Frittieröl auf 180 °C erhitzen. Die Lachsklößchen portionsweise ins heiße Öl geben und jeweils 2–3 Minuten goldbraun frittieren. Auf Küchenpapier abtropfen lassen.

≫ Die Klößchen zusammen mit den restlichen Kräutern und der Kokossauce heiß servieren.

KABELJAUBÄLLCHEN TOMATEN-PEPERONI-COULIS

ZUBEREITUNGSZEIT: 1 Stunde
EINWEICHZEIT: 24 Stunden
GARZEIT: 45 Minuten

ZUTATEN

Für 6 Personen

- 600 g Kabeljau
- 500 g Kartoffeln (Bintje oder Charlotte)
- 4 Knoblauchzehen
- 4 Tomaten
- 2 Schalotten, geschält und gehackt
- 100 ml Olivenöl
- ½ Peperoni, entkernt und gehackt
- 1 gestrichener EL Zucker
- 1 Bouquet garni
- 1 kleines Bund glatte Petersilie, gehackt
- 100 g Mehl
- Öl zum Frittieren
- Salz, Pfeffer aus der Mühle

≫ Den Kabeljau am Vortag mit kaltem Wasser abspülen, dann in einem großen Gefäß mit kaltem Wasser entsalzen lassen. Dabei das Wasser im Laufe von 24 Stunden 6 oder 7 Mal wechseln.

≫ Am Zubereitungstag die Kartoffeln schälen, waschen und in Stücke schneiden. Zusammen mit zwei Knoblauchzehen in einen Topf mit kaltem Salzwasser legen und 20 Minuten kochen.

≫ Die Tomaten 20 Sekunden überbrühen und mit kaltem Wasser abschrecken. Haut und Kerne entfernen, das Fruchtfleisch zerdrücken. Die restlichen Knoblauchzehen schälen und hacken.

≫ Die Schalotten zusammen mit dem Knoblauch in einem Topf in 50 ml Olivenöl 5 Minuten auf mittlerer Stufe andünsten. Zerkleinerte Tomaten, Peperoni, Zucker, 150 ml Wasser, das Bouquet garni sowie etwas Salz und Pfeffer hinzufügen. 20 Minuten auf mittlerer Stufe kochen lassen.

≫ Den Kabeljau abspülen und 6–8 Minuten in der siedenden Mischung im Topf pochieren. Abtropfen und abkühlen lassen.

≫ Die Kartoffeln abtropfen lassen und mit dem Kartoffelstampfer zerdrücken.

≫ Den Kabeljau zerzupfen und unter das Kartoffelpüree mischen. Das restliche Öl, die Petersilie und etwas Pfeffer hinzufügen. Aus der Masse walnussgroße Bällchen formen und in Mehl wälzen.

≫ Das Bouquet garni aus dem Topf entfernen und die Mischung zu einer Coulis pürieren. Warm stellen.

≫ Das Frittieröl auf 180 °C erhitzen. Die Bällchen darin jeweils 4–5 Minuten frittieren. Auf Küchenpapier abtropfen lassen. Mit der Tomaten-Peperoni-Coulis servieren.

FISCHKLÖSSCHEN IN KADAYIF-NUDELN

ZUBEREITUNGSZEIT: **30 Minuten**

RUHEZEIT: **1 Stunde**

GARZEIT: **20–25 Minuten**

ZUTATEN

Für 6 Personen

- ½ Bund glatte Petersilie
- 1 große Schalotte
- 400 g Merlanfilet
- 200 g Seeteufelfilet
- 200 g Kabeljaurücken
- 100 ml Sahne
- 1 gestrichener EL Kurkuma
- 2 große Prisen Paprikapulver (scharf)
- 100 ml Olivenöl
- 3 Eigelb
- 150 g Kadayif-Nudeln
- Salz, Pfeffer aus der Mühle

> Die Petersilie waschen und klein hacken. Die Schalotte abziehen und hacken.

> Aus den Fischen die Gräten und Knorpel entfernen und das Fischfleisch in kleine Stücke schneiden. In die Schüssel einer Küchenmaschine geben. Sahne, Petersilie, Schalotte, Kurkuma, Paprikapulver, die Hälfte des Olivenöls sowie etwas Salz und Pfeffer hinzufügen. Das Ganze 3–4 Minuten zu einer glatten, gleichmäßigen Masse pürieren. In ein Gefäß geben.

> Aus der Masse mit den Händen walnussgroße, leicht längliche Bällchen formen. Auf einen Teller legen, mit Frischhaltefolie abdecken und für 1 Stunde in den Kühlschrank stellen.

> Die Eigelbe mit der Gabel in einem tiefen Teller mit dem restlichen Öl, 50 ml kaltem Wasser sowie etwas Salz und Pfeffer verquirlen.

> Die Kadayif-Nudeln mit der Schere zerschneiden und auf einen anderen Teller legen.

> Den Backofen auf 200 °C vorheizen.

> Die Klößchen aus dem Kühlschrank nehmen, in die Eimischung tauchen und danach in den Nudeln wälzen. Auf ein mit Backpapier belegtes Backblech legen. Im Ofen 20–25 Minuten backen. Mit geschmolzener Kurkuma- oder Koriander-Butter sofort servieren.

Noch besser wird die Fischmasse, wenn Sie sie unmittelbar nach der Zubereitung durch ein Sieb streichen und kurz in den Kühlschrank stellen.

FISCHKLÖSSE IN BOUILLABAISSE

ZUBEREITUNGSZEIT: 40 Minuten
GARZEIT: 50 Minuten

ZUTATEN

Für 6 Personen

- 6 Scampi
- 1 große Zwiebel
- 1 mittelgroße Karotte
- 100 ml Olivenöl
- 1 EL Tomatenmark
- 200 ml Weißwein
- 3 mittelgroße Schalotten
- 400 g Merlanfilet
- 200 g Seeteufelfilet
- 4 Zweige Estragon
- 100 g Mehl
- 300 ml Sahne
- 24 Kirschtomaten
- Salz, Pfeffer aus der Mühle

» Die Scampi enthülsen. Köpfe und Schalen zerstoßen.

» Die Zwiebel und die Karotte schälen und in dünne Scheiben schneiden. In einer Sauteuse in der Hälfte des Olivenöls 3 Minuten bei starker Hitze andünsten. Das Tomatenmark sowie die Köpfe und Schalen der Scampi hinzufügen. Unter Rühren 3 Minuten anbräunen. Den Weißwein und 300 ml Wasser angießen. Das Ganze 30 Minuten auf mittlerer Stufe köcheln lassen.

» In der Zwischenzeit die Schalotten abziehen und hacken. Die Fischfilets in kleine Stücke schneiden. Den Estragon waschen, die Blätter abzupfen.

» Den Fisch, die Schalotten, die Scampischwänze, den Estragon sowie etwas Salz und Pfeffer in die Schüssel einer Küchenmaschine geben. 2 Minuten zu einer gleichmäßigen Masse pürieren, daraus walnussgroße Bällchen formen und in Mehl wälzen. In den Kühlschrank stellen.

» Die Sahne in die Sauteuse geben. Alles vermischen und weitere 15 Minuten auf mittlerer Stufe garen. Mit dem Stabmixer pürieren. Die Sauce durch ein Sieb in einen großen Topf streichen. Mit Salz und Pfeffer abschmecken und auf kleiner Flamme köcheln lassen.

» Das restliche Öl in einer Pfanne erhitzen und die Fischklößchen darin 2 Minuten auf mittlerer Stufe anbraten. Danach in die Sauce geben. Die Kirschtomaten hinzufügen und das Ganze 12–15 Minuten auf mittlerer Stufe garen. Die Klöße dabei einmal wenden. Sofort servieren.

Zu den Fischklößchen können Sie Reis oder gedünstetes, in der Sauce erwärmtes Saisongemüse reichen.

TAJINE AUS SEELACHS-KLÖSSCHEN UND OLIVEN

ZUBEREITUNGSZEIT: **40 Minuten**
GARZEIT: **40 Minuten**

ZUTATEN

Für 6 Personen

- 600 g Seelachsfilet
- 3 Stängel Koriander
- 1 EL Crème fraîche
- ½ TL Ras el-Hanout
- 50 g Paniermehl
- 150 g schwarze Oliven, entsteint
- 100 ml Olivenöl
- 50 g Mehl
- 2 Zucchini
- 2 Zwiebeln
- 2 Zitronen
- Salz, Pfeffer aus der Mühle

≫ Das Seelachsfilet in Stücke schneiden. Den Koriander waschen, die Blätter abzupfen.

≫ Den Fisch zusammen mit Crème fraîche, Koriander, Ras el-Hanout, Paniermehl, 50 g Oliven, 2 EL Olivenöl sowie etwas Salz und Pfeffer in die Schüssel einer Küchenmaschine geben. Zu einer gleichmäßigen Masse pürieren. Daraus walnussgroße Bällchen formen und in Mehl wälzen. In den Kühlschrank stellen.

≫ Die Zucchini waschen und in kleine Stücke schneiden. Die Zwiebeln abziehen und in dünne Ringe schneiden.

≫ Die Zwiebeln in einer Sauteuse in 50 ml Olivenöl 5 Minuten auf mittlerer Stufe andünsten. Die Zucchini sowie etwas Salz und Pfeffer hinzufügen. Gut umrühren und 8–10 Minuten auf mittlerer Stufe schmoren lassen. Dann die restlichen Oliven, 150 ml Wasser und die in Viertel geschnittenen Zitronen hinzufügen. Weitere 10 Minuten garen.

≫ Den Backofen auf 160 °C vorheizen.

≫ Die Fischklößchen in einer Pfanne im restlichen Öl 3–4 Minuten bei starker Hitze anbraten.

≫ Den Inhalt der Sauteuse in eine Auflaufform geben. Die Klößchen zusammen mit ihrem Fond darauf verteilen, dabei leicht in das Gemüse drücken. Im Ofen 15–20 Minuten backen.

≫ Mit Reis oder Grieß servieren.

Fischklößchen mit Zwiebel-Harissa-Paste und süßsaurer Sauce

ZUBEREITUNGSZEIT: 30 Minuten
GARZEIT: 50 Minuten

ZUTATEN

Für 6 Personen

- 2 große Zwiebeln
- 50 ml Olivenöl
- 120 g Zucker
- 1 TL Kreuzkümmelpulver
- 1 gestrichener EL Harissa
- 4 Stängel Koriander
- 700 g Filet vom Weißfisch (Merlan, Seelachs o.a.)
- 150 g Schellfischfilet
- 200 ml Weinessig
- 100 ml Fischfond
- Salz, Pfeffer aus der Mühle

» 1 Zwiebel abziehen und hacken. In einer Pfanne in der Hälfte des Öls 8–10 Minuten auf mittlerer Stufe andünsten. 20 g Zucker, den Kreuzkümmel und die Harissa hinzufügen. Unter Rühren 5 Minuten auf kleiner Flamme anbräunen. Abkühlen lassen.

» Den Koriander waschen, die Blätter abzupfen. Den Fisch in Stücke schneiden.

» Den Fisch mit etwas Salz und Pfeffer in die Schüssel einer Küchenmaschine geben und 1 Minute pürieren. Dann den Koriander und die Zwiebel-Harissa-Mischung hinzufügen. Das Ganze 1 weitere Minute lang zu einer gleichmäßigen Masse pürieren. Walnussgroße Bällchen formen und in den Kühlschrank stellen.

» Die zweite Zwiebel abziehen und hacken. Mit dem restlichen Zucker, dem Essig sowie etwas Salz und Pfeffer in einen Topf geben. Zum Kochen bringen und 15 Minuten auf mittlerer Stufe garen, sodass eine leicht dickflüssige süßsaure Sauce entsteht. Den Fischfond hinzufügen und weitere 10 Minuten garen.

» Das restliche Öl in einer Pfanne erhitzen und die Fischklößchen darin 6–8 Minuten anbraten. Dabei mehrfach wenden. Die Sauce in die Pfanne geben und das Ganze weitere 6–8 Minuten garen. Die Klöße dabei regelmäßig mit einem Löffel Sauce übergießen.

» Mit einem Rot- oder Weißkohlsalat oder mit Reis servieren.

KRABBENBÄLLCHEN MIT ANIS

ZUBEREITUNGSZEIT: 50 Minuten
KÜHLZEIT: 2 Stunden
GARZEIT: 15 Minuten

ZUTATEN

Für 6 Personen

- 600 g Nordseekrabben
- 500 ml Milch
- 2 Blätter Gelatine
- 40 g Butter
- 140 g Mehl
- 2 Eier + 1 Eigelb
- 80 g geriebener Gruyère
- 1 EL Fenchelsamen
- 3 Zweige Estragon, Blätter abgezupft
- 2 EL Pastis
- 150 g Paniermehl
- Öl zum Frittieren
- Salz, Pfeffer aus der Mühle

≫ Von den Krabben die Schalen entfernen und beiseitelegen. Es sollten 400–450 g Krabbenfleisch übrig bleiben. Die Milch in einem Topf zusammen mit den Krabbenschalen sowie etwas Salz und Pfeffer 2 Minuten aufkochen. Den Herd ausschalten und das Ganze 10 Minuten ziehen lassen. Die Milch durch ein Sieb gießen. Die Gelatine 10 Minuten in Wasser einweichen.

≫ Die Butter in einem Topf zerlassen. 50 g Mehl hinzufügen und unter Rühren 5 Minuten auf kleiner Flamme köcheln lassen. Die Milch hinzufügen und 4–5 Minuten auf mittlerer Hitze kochen lassen. Dabei nicht aufhören zu rühren, sodass eine Béchamelsauce entsteht. Den Topf von der Herdplatte nehmen und das Eigelb, die Gelatine und den Gruyère einrühren. Abkühlen lassen.

≫ Das Krabbenfleisch in die Schüssel einer Küchenmaschine geben. Die Fenchelsamen, den Estragon, den Pastis sowie etwas Salz und Pfeffer hinzufügen. 2 Minuten pürieren. Die fertige Masse unter die Béchamelsauce mischen. Mithilfe eines Spritzbeutels walnussgroße Bällchen auf ein mit Backpapier belegtes Backblech spritzen. 2 Stunden in den Gefrierschrank stellen.

≫ Die Eier in einem Teller aufschlagen. Das restliche Mehl sowie das Paniermehl auf zwei weitere Teller streuen. Die Krabbenbällchen erst im Mehl wälzen, dann in Ei tauchen und dann mit Paniermehl umhüllen.

≫ Das Frittieröl auf 180 °C erhitzen. Die Krabbenbällchen nach und nach ins heiße Öl geben und je 2–3 Minuten goldbraun frittieren. Auf Küchenpapier abtropfen lassen. Salzen und sofort genießen.

Die Bällchen mit frittierter Petersilie und Zitronen- oder Limettenschnitzen garnieren.

GAMBA-BÄLLCHEN MIT CURRY UND KOKOSMILCH

ZUBEREITUNGSZEIT: **45 Minuten**

GARZEIT: **45 Minuten**

ZUTATEN

Für 6 Personen

- 400 g Gambas, frisch oder
  tiefgefroren
- 400 g Merlanfilet
- 2 mittelgroße Zwiebeln
- 80 ml Olivenöl
- 2 EL Currypulver
- 300 ml Kokosmilch
- 250 ml Fischfond
- 250 ml Sahne
- 3 Stängel Koriander
- Salz, Pfeffer aus der Mühle

≫ Die Gambas vollständig von ihren Schalen befreien und die Schalen beiseitelegen.

≫ Den Merlan und die Gambas in kleine Stücke schneiden.

≫ 1 Zwiebel abziehen und hacken. In einer Pfanne in der Hälfte des Olivenöls 3 Minuten auf kleiner Flamme andünsten. Die Gamba-Stücke, 1 EL Curry sowie etwas Salz und Pfeffer hinzufügen. 3 Minuten unter Rühren bei starker Hitze weiterbraten. Den Herd ausschalten. Abkühlen lassen.

≫ Das Merlanfilet in die Schüssel einer Küchenmaschine geben. Den Pfanneninhalt, 100 ml Kokosmilch sowie etwas Salz und Pfeffer hinzufügen. 1–2 Minuten lang zu einer gleichmäßigen Masse pürieren. Walnussgroße Bällchen daraus formen, in den Kühlschrank stellen.

≫ Die zweite Zwiebel abziehen und in dünne Ringe schneiden. In einem großen Topf im restlichen Öl 3 Minuten bei mittlerer Hitze andünsten. Die Gamba-Schalen und den zweiten Löffel Curry hinzufügen. Das Ganze gut mischen und 2 Minuten auf starker Hitze anbräunen. Den Fischfond angießen und zum Kochen bringen. Die restliche Kokosmilch und die Sahne angießen, salzen, pfeffern und das Ganze 20 Minuten auf mittlerer Stufe garen. Mit dem Stabmixer pürieren. Die Sauce durch ein Sieb passieren und in eine Sauteuse geben. Zum Kochen bringen und mit Salz und Pfeffer abschmecken.

≫ Die Bällchen vorsichtig in die Sauce legen und die Hitze verringern. 15–20 Minuten garen, dabei die Bällchen einmal wenden.

≫ Die Bällchen in der Sauce servieren, grob gehackten Koriander darüberstreuen.

KNUSPRIGE RISOTTO-BÄLLCHEN MIT GORGONZOLA UND TINTENFISCHTINTE

ZUBEREITUNGSZEIT: **40 Minuten**
KÜHLZEIT: **3 heures**
GARZEIT: **30 Minuten**

ZUTATEN

Für 6 Personen

- 600 ml Hühnerbrühe
- 1 Zwiebel
- 50 ml Olivenöl
- 160 g Arborio- oder Rundkornreis
- 100 ml Weißwein
- 1 EL Tintenfischtinte
  (vom Fischhändler)
- 50 g Butter
- 150 g Gorgonzola
- 2 Eier
- 90 g Mehl
- 120 g Paniermehl
- Öl zum Frittieren
- Salz, Pfeffer aus der Mühle

≫ Die Hühnerbrühe in einem Topf zum Kochen bringen.

≫ Die Zwiebel abziehen und hacken. In einem Topf im Olivenöl 2 Minuten auf mittlerer Stufe andünsten. Den Reis hinzufügen und auf kleiner Flamme gut durchrühren, bis er leicht glänzt. Den Weißwein angießen. Salzen und pfeffern. Den Wein 4–5 Minuten bei starker Hitze einkochen lassen, dann nach und nach die heiße Bouillon hinzufügen und vom Reis aufnehmen lassen. Die Gesamtkochzeit wird etwa 18 Minuten betragen. Nach der Hälfte der Kochzeit die Tintenfischtinte in den Topf geben. Wenn der Reis gar ist, den Herd ausschalten und die Butter stückchenweise unter das Risotto rühren. Das Risotto in ein Gefäß geben und abkühlen lassen. Danach den Gorgonzola stückchenweise hinzufügen und gut unterrühren. Das Risotto ganz auskühlen lassen und für 2 Stunden in den Kühlschrank stellen, damit es fest wird.

≫ Aus dem kalten, festen Risotto walnussgroße Bällchen formen.

≫ Die Eier in einem tiefen Teller aufschlagen. Das Mehl und das Paniermehl auf zwei weitere Teller geben. Die Risotto-Bällchen nacheinander im Mehl wälzen, ins Ei tauchen und mit dem Paniermehl umhüllen. Für 1 weitere Stunde in den Kühlschrank stellen.

≫ Das Frittieröl auf 180 °C erhitzen. Die Bällchen einige Sekunden lang ins heiße Öl tauchen, sodass sie goldbraun werden. Auf Küchenpapier abtropfen lassen. Sofort genießen.

Zu den Risotto-Bällchen passt sehr gut eine Gorgonzola-Creme: 500 ml Sahne in einem Topf zum Kochen bringen. 100 g Gorgonzola stückchenweise mit dem Schneebesen einrühren. Salzen und pfeffern.

KARTOFFELBÄLLCHEN MIT EMMENTALER

ZUBEREITUNGSZEIT: 30 Minuten
GARZEIT: 15 Minuten

ZUTATEN

Für 6 Personen

- 750 g Kartoffeln (Charlotte o.ä.)
- 220 g geriebener Emmentaler
- 2 Eigelb
- ½ TL geriebene Muskatnuss
- 2 EL Mehl
- Öl zum Frittieren
- Salz, Pfeffer aus der Mühle

≫ Die Kartoffeln schälen, sodass 600 g übrig bleiben. Waschen und mit einem Gemüsehobel sehr fein reiben.

≫ Die geriebenen Kartoffeln zusammen mit dem Emmentaler, den Eigelben, der Muskatnuss sowie etwas Salz und Pfeffer in eine Schüssel geben. Alles mit den Händen zu einer gleichmäßigen Masse verkneten. Walnussgroße Bällchen formen und fest drücken, sodass die Kartoffelstückchen so viel Wasser wie möglich abgeben. Im Mehl wälzen.

≫ Das Frittieröl auf 180 °C erhitzen. Die Kartoffelbällchen portionsweise ins heiße Öl geben und 4–5 Minuten frittieren. Auf Küchenpapier abtropfen lassen.

≫ Heiß servieren. Dazu Kirsch- oder Feigenkonfitüre oder ein Chutney reichen.

Statt Emmentaler kann auch eine andere Käsesorte verwendet werden, z.B. Comté, Appenzeller, Ossau-Iraty oder Mimolette Vieille.

AUBERGINEN-GRIESSKLÖSSCHEN

ZUBEREITUNGSZEIT: **40 Minuten**
RUHEZEIT: **1 Stunde**
GARZEIT: **25 Minuten**

ZUTATEN

Für 6 Personen

- 400 g Auberginen
- 1 EL körniges Salz
- 150 g Weizengrieß, fein oder mittel
- 150 ml Olivenöl
- 80 g Paniermehl
- 100 g Mohn
- 3 Halme Kerbel
- 1 großer Bund Radieschen
- 50 ml Zitronensaft
- Öl zum Frittieren
- Salz, Pfeffer aus der Mühle

≫ Die Auberginen waschen und in kleine Würfel schneiden. In ein Sieb geben und mit dem körnigen Salz bestreuen. Mit einem kleinen Teller abdecken und 1 Stunde ziehen lassen.

≫ Den Grieß in einer Schüssel mit 3 EL Olivenöl und etwas Pfeffer vermischen. Mit kochendem Wasser bedecken. Ein Tuch oder einen Teller auf die Schüssel legen und den Grieß 15 Minuten quellen lassen.

≫ Die Auberginenwürfel schütteln, sodass sich das überschüssige Salz löst. In einer Pfanne in 60–80 ml Olivenöl 10–15 Minuten auf mittlerer Stufe braten, dabei umrühren. Pfeffern und abkühlen lassen.

≫ Den Grieß mit den Händen oder mit einer Gabel auskörnen. Mit den Auberginen, dem Paniermehl und 20 g Mohn vermengen. Aus der Masse walnussgroße Bällchen formen und mit den Händen fest zusammenpressen. Danach im restlichen Mohn wälzen. In den Kühlschrank stellen.

≫ Den Kerbel waschen, die Blätter abzupfen. Die Radieschen waschen, entstielen und vierteln. In eine Schüssel geben. Mit dem restlichen Öl, dem Zitronensaft sowie Salz und Pfeffer abschmecken. Den Kerbel hinzufügen und alles gut vermischen.

≫ Zum Schluss das Frittieröl auf 180 °C erhitzen. Die Bällchen nach und nach sehr vorsichtig je 1 Minute ins heiße Öl geben. Auf Küchenpapier abtropfen lassen. Heiß servieren. Dazu den Radieschensalat reichen.

FALAFEL

ZUBEREITUNGSZEIT: 45 Minuten
EINWEICHZEIT: 12 Stunden
GARZEIT: 15 Minuten

ZUTATEN

Für 6 Personen

- 250 g getrocknete Kichererbsen
- 3 Knoblauchzehen
- 1 kleine Zwiebel
- 1 kleines Bund glatte Petersilie
- 1 kleines Bund Koriander
- 3 EL Sesamkörner
- 1 TL Paprikapulver
- 80 ml Olivenöl
- Salz, Pfeffer aus der Mühle
- Öl zum Frittieren

≫ Die Kichererbsen am Vortag für 12 Stunden in kaltem Wasser einweichen.

≫ Am Zubereitungstag die Kichererbsen mehrfach unter kaltem Wasser abspülen und in einem Sieb vollständig abtropfen lassen.

≫ Die Knoblauchzehen und die Zwiebel abziehen und hacken. Die Petersilie und den Koriander waschen und klein hacken.

≫ Die Kichererbsen in die Schüssel einer Küchenmaschine geben und 3 Minuten zu einem Brei pürieren. Zwiebel, Knoblauch, Sesamkörner, Kräuter, Paprika, Olivenöl sowie etwas Salz und Pfeffer hinzufügen. Weitere 3—4 Minuten zu einer gleichmäßigen Masse pürieren, daraus walnussgroße Bällchen formen und leicht platt drücken.

≫ Das Frittieröl auf 180 °C erhitzen. Nach und nach jeweils einige Bällchen ins heiße Öl geben und 4—5 Minuten goldbraun frittieren. Auf Küchenpapier abtropfen lassen.

≫ Mit Fladenbrot, Zwiebelringen, Salat und Kräuterquark servieren.

Schokoladenbällchen

ZUBEREITUNGSZEIT: 45 Minuten

KÜHLZEIT: 6 Stunden

TIEFKÜHLZEIT: 4 Stunden

GARZEIT: 5 Minuten

ZUTATEN

Für 6 Personen

- 400 g dunkle Blockschokolade
- 350 ml Sahne
- ½ TL Kardamompulver oder
  3 Prisen Zimtpulver
- 3 Eier
- 60 g Mehl
- 120 g Paniermehl
- 60 g Kokosraspel
- 50 g Zucker
- Öl zum Frittieren

> Die Schokolade mit einem Messer zerkleinern und in eine Schüssel geben.

> Die Sahne zusammen mit dem Kardamom (oder dem Zimt) in einem Topf zum Kochen bringen. Die kochende Sahne über die Schokolade gießen und das Ganze 5 Minuten ruhen lassen. Danach 8–10 Minuten mit dem Schneebesen zu einer glatten und luftigen Masse verrühren. Mit Frischhaltefolie abdecken und für 6 Stunden in den Kühlschrank stellen.

> Die Eier in einem tiefen Teller aufschlagen. Das Mehl auf einen zweiten Teller geben. Das Paniermehl, die Kokosraspel und den Zucker auf einem dritten Teller vermischen.

> Die Schokoladenmasse aus dem Kühlschrank nehmen und mit den Händen 18 walnussgroße Bällchen daraus formen. 15 Minuten ins Gefrierfach stellen. Danach im Mehl wälzen, ins Ei tauchen und mit der Paniermehlmischung umhüllen. Nochmals 3–4 Stunden ins Gefrierfach stellen.

> Zum Schluss das Frittieröl auf 180 °C erhitzen. Die tiefgefrorenen Bällchen nach und nach jeweils 30 Sekunden lang ins heiße Öl tauchen. Auf Küchenpapier abtropfen lassen. Sofort servieren. Dazu einen Kaffee oder eine Coulis reichen (z.B. Orange, Passionsfrucht, Himbeere, Mango).

MILCHREISBÄLLCHEN MIT KOKOS-MANGO-COULIS

ZUBEREITUNGSZEIT: 45 Minuten

KÜHLZEIT: 3 Stunden

GARZEIT: 50 Minuten

ZUTATEN

Für 6 Personen

- 120 g Rundkornreis
- 1 Vanilleschote
- 900 ml Milch
- 100 ml Kokosmilch
- 120 g Zucker
- 2 Eier
- 60 g Paniermehl
- 80 g Kokosraspel
- 50 g Mehl
- Öl zum Frittieren

Für die Coulis

- 100 ml Kokosmilch
- 60 g Zucker
- 1 reife Mango

» Den Reis in ein Sieb geben und mit kaltem Wasser abspülen. Die Vanilleschote längs aufschneiden und das Mark mit einer Messerspitze herauskratzen.

» Die Milch zusammen mit der Kokosmilch und dem Vanillemark in einem Topf zum Kochen bringen. Den Reis einstreuen und unter ständigem Rühren 30 Minuten auf sehr kleiner Flamme köcheln lassen. Den Zucker hinzufügen und gut untermischen. Weitere 10–15 Minuten auf kleiner Flamme unter Rühren weitergaren. Den Reis in ein Gefäß geben und abkühlen lassen. Für mindestens 2 Stunden zum Festwerden in den Kühlschrank stellen.

» Die Eier in einem tiefen Teller aufschlagen. Das Paniermehl und die Kokosraspel vermischt auf einen zweiten Teller geben. Das Mehl auf einem weiteren Teller verteilen.

» Aus dem fest gewordenen Reis walnussgroße Bällchen formen. Nacheinander im Mehl wälzen, ins Ei tauchen und mit der Paniermehlmischung umhüllen. Für 1 Stunde in den Kühlschrank stellen.

» Für die Coulis die Kokosmilch zusammen mit dem Zucker und 100 ml Wasser in einem Topf zum Kochen bringen. Die Mango schälen und das Fleisch in kleine Stücke schneiden. Zusammen mit der gezuckerten Kokosmilch in ein hochwandiges Gefäß geben und mit dem Stabmixer zu einer Coulis pürieren. Durch ein Spitzsieb passieren und in den Kühlschrank stellen.

» Zum Schluss das Frittieröl auf 180 °C erhitzen. Die Reisbällchen portionswweise ins heiße Öl geben und jeweils 30 Sekunden frittieren. Auf Küchenpapier abtropfen lassen. Lauwarm servieren. Dazu die kalte Mango-Coulis reichen.

SPIESSE!

Ingwerhähnchen-Spieße

ZUBEREITUNGSZEIT: 20 Minuten
MARINIERZEIT: 6 Stunden
GARZEIT: 15 Minuten

ZUTATEN

Für 6 Personen

- 60 g frische Ingwerwurzel
- 2 Knoblauchzehen
- 2 große Zitronen
- 3 EL flüssiger Honig
- 3 EL Fischsauce (Nuoc Mam)
- 50 ml Reisessig
- 6 Hähnchenbrustfilets
- 50 ml Olivenöl
- Salz, Pfeffer aus der Mühle

≫ Den Ingwer schälen und reiben. Die Knoblauchzehen schälen und durchpressen.

≫ Die Zitronen auspressen und den Saft durch ein Sieb in eine Schüssel gießen. Ingwer, Knoblauch, Honig, Fischsauce, Reisessig sowie etwas Salz und Pfeffer hinzufügen. Mit dem Schneebesen verquirlen.

≫ Die Hähnchenbrustfilets in kleine Würfel schneiden. In die Schüssel geben und so lange mit den Händen vermengen, bis das Fleisch ganz von der Marinade umhüllt ist. Die Schüssel mit Frischhaltefolie abdecken und 6 Stunden in den Kühlschrank stellen.

≫ Die Hähnchenwürfel abtropfen lassen (dabei die Marinade auffangen) und auf Bratspieße stecken.

≫ Das Öl in einer großen Pfanne erhitzen. Die Spieße darin von jeder Seite 5 Minuten auf mittlerer Stufe braten. Danach die Marinade in die Pfanne geben und das Fleisch weitere 5 Minuten auf höchster Stufe braten, sodass es leicht karamellisiert. Sofort servieren. Dazu einen mit gemahlenem Ingwer und Rosinen aromatisierten Grießbrei reichen.

TANDOORI-HÄHNCHEN-SPIESSE

ZUBEREITUNGSZEIT: **20 Minuten**
MARINIERZEIT: **12 Stunden**
GARZEIT: **40 Minuten**

ZUTATEN

Für 6 Personen

- 50 g frische Ingwerwurzel
- 6 Knoblauchzehen
- 2 Zitronen
- 1 Limette
- 1 mittelgroße Zwiebel
- 6 Hähnchenbrustfilets
- 4 Becher bulgarischer Naturjoghurt
- 2 EL Tandoori-Gewürzmischung
- 50 ml Sonnenblumenöl
- ½ Bund frische Minze
- Salz, Pfeffer aus der Mühle

≫ Am Vortag den Ingwer schälen und reiben. 4 Knoblauchzehen schälen und hacken. Die Zitronen und Limetten auspressen. Die Zwiebel abziehen und fein hacken. Die Hähnchenbrustfilets in kleine Würfel schneiden.

≫ 2 Becher Joghurt in einer Schüssel mit Tandoori-Gewürz, Zwiebel, Knoblauch, Ingwer, Öl, Zitronen- und Limettensaft sowie etwas Salz und Pfeffer verrühren. Die Hähnchenwürfel in die Schüssel geben und so lange durchmischen, bis das Fleisch ganz von der Marinade umhüllt ist. Mit Frischhaltefolie abdecken und 12 Stunden zum Marinieren in den Kühlschrank stellen.

≫ Am Zubereitungstag den Backofen auf 170 °C vorheizen.

≫ Die Hähnchenwürfel abtropfen lassen und auf Bratspieße stecken. Die Spieße auf ein mit Backpapier belegtes Backblech legen. Im Ofen 35–40 Minuten goldbraun garen.

≫ In der Zwischenzeit die restlichen Knoblauchzehen schälen und hacken. Die Minzblätter waschen und hacken. Die zwei restlichen Becher Joghurt in einer Schüssel mit der Minze und dem Knoblauch zu einer Sauce verrühren. In den Kühlschrank stellen.

≫ Die Spieße möglichst heiß zusammen mit der Joghurtsauce servieren. Dazu Pitabrot mit Salat oder Kardamomreis reichen.

ORANGENENTEN-SPIESSE

ZUBEREITUNGSZEIT: 20 Minuten
GARZEIT: 20 Minuten

ZUTATEN

Für 6 Personen

- 500 g Austernpilze
- 2 große Schalotten
- 4 Blutorangen
- 60 g Butter
- 24 dünne Scheiben Entenfilet
- 3 EL Olivenöl
- 2 EL Granatapfelsirup
- 2 großzügige EL flüssiger Honig
- Salz, Pfeffer aus der Mühle

≫ Die Austernpilze kurz unter fließendes Wasser halten, danach in Stücke schneiden. Die Schalotten abziehen und hacken.

≫ Von 2 Orangen die Schale abreiben. 3 Orangen auspressen, die vierte in 6 Teile zerlegen.

≫ Die Schalotten in einer Pfanne in der Butter 3 Minuten auf kleiner Flamme andünsten. Die Austernpilze hinzufügen und unter Rühren 5–8 Minuten auf mittlerer Stufe mitbraten. Salzen und pfeffern. Den Herd ausschalten.

≫ Je 2 Scheiben Entenfleisch auf einen Holzspieß fädeln. Salzen und pfeffern. Das Fleisch auf den Spießen in einer Pfanne im Olivenöl 2 Minuten pro Seite bei starker Hitze anbraten. Die Spieße auf einen Teller legen.

≫ Das Öl aus der Pfanne abgießen, den Granatapfelsirup und den Honig hineingeben. Bei starker Hitze leicht karamellisieren lassen. Den Orangensaft hinzufügen. Salzen und pfeffern. Einige Minuten bei starker Hitze einkochen lassen, sodass eine leicht zähflüssige Sauce entsteht.

≫ Die Spieße erneut in die Pfanne legen. Die Orangenstücke hinzufügen. Alles 3–4 Minuten erhitzen, dabei die Spieße mehrfach wenden und löffelweise mit der Sauce beträufeln.

≫ Die Austernpilze auf kleiner Flamme erneut erhitzen. Die Spieße zusammen mit den Austernpilzen, den Orangenstücken und der Sauce servieren.

ENTENBRUST-SPIESSE MIT SCHWARZEM SESAM, FENCHEL UND BABYKARTOFFELN

ZUBEREITUNGSZEIT: **30 Minuten**
MARINIERZEIT: **1 Stunde**
GARZEIT: **50 Minuten**

ZUTATEN

Für 6 Personen

- 3 Entenbrüste
- 4 großzügige EL flüssiger Honig
- 100 ml Reisessig
- 2 EL Sesamöl
- 500 g Drillinge (Babykartoffeln)
- 2 Fenchelknollen
- 50 ml Olivenöl
- 80 g Butter
- 80 g schwarze Sesamkörner
- Salz, Pfeffer aus der Mühle

≫ Mit einem kleinen Messer das Fett von den Entenbrüsten abschneiden. Das Fleisch in große Würfel schneiden.

≫ Den Honig und den Reisessig in einem Topf leicht anwärmen. Von der Herdplatte nehmen. Das Sesamöl sowie etwas Salz und Pfeffer hinzufügen.

≫ Die Fleischwürfel auf Bratspieße stecken. Die Spieße in einen tiefen Teller legen und mit der Honigmarinade übergießen. Mit Frischhaltefolie abdecken und 1 Stunde im Kühlschrank marinieren.

≫ Die Kartoffeln waschen und mit Schale in einen Topf mit kaltem Wasser legen. 15 Minuten kochen.

≫ Den Fenchel waschen, bei Bedarf die äußeren Blätter entfernen und die Knollen jeweils in 6 Teile schneiden. In einer Sauteuse in der Hälfte des Olivenöls und der Hälfte der Butter 5 Minuten auf mittlerer Stufe goldbraun anbraten. Die Temperatur verringern und die Pfanne zu zwei Dritteln mit Wasser füllen. Salz und Pfeffer hinzufügen. Die Pfanne mit einem Bogen Backpapier abdecken und den Inhalt 20 Minuten auf mittlerer Stufe schmoren lassen.

≫ Die Kartoffeln abtropfen lassen, danach in einer Pfanne in der restlichen Butter und dem restlichen Öl 5–8 Minuten auf mittlerer Stufe braten. Salzen und pfeffern.

≫ Die Spieße abtropfen lassen, die Marinade auffangen. In einer heißen Pfanne ohne Fett jeweils 2–3 Minuten pro Seite braten. Auf einen Teller legen. Ein wenig Marinade in die Pfanne geben und bei starker Hitze einkochen lassen. Die Spieße wieder in die Pfanne legen, mit dem Sesam bestreuen und zügig in der Sauce wenden.

≫ Die Spieße zusammen mit der Sauce, dem gebratenen Fenchel und den Kartoffeln servieren.

HÄHNCHENSPIESSE IN THAI-BASILIKUM-SOJA-MARINADE

ZUBEREITUNGSZEIT: **15 Minuten**
MARINIERZEIT: **4 Stunden**
GARZEIT: **etwa 5 Minuten**

ZUTATEN

Für 6 Personen

- 1 Paprikaschote
- 2 Knoblauchzehen
- 60 g frische Ingwerwurzel
- 12 Blätter Thai-Basilikum
- 2 große Zitronen
- 6 Hähnchenbrustfilets
- 50 ml Olivenöl
- 50 ml Reisessig
- 3 EL Fischsauce (Nuoc Mam)
- 150 ml süße Sojasauce
- 3 EL flüssiger Honig
- Salz, Pfeffer aus der Mühle

≫ Die Paprika waschen, entkernen und klein würfeln. Die Knoblauchzehen schälen und hacken. Den Ingwer schälen und reiben. Das Basilikum waschen und klein schneiden. Die Zitronen auspressen.

≫ Das Fleisch in Würfel von 1 cm Seitenlänge schneiden.

≫ Den Ingwer in einer Schüssel mit der Paprika, dem Knoblauch und dem Basilikum vermengen. 50 ml Öl, Reisessig, Fisch- und Sojasauce, Zitronensaft, Honig sowie etwas Salz und Pfeffer hinzufügen. Die Fleischwürfel in die Schüssel geben, mit den Händen mit der Marinade vermischen. Die Schüssel mit Frischhaltefolie abdecken und 4 Stunden in den Kühlschrank stellen.

≫ Die marinierten Fleischwürfel auf Holzspieße stecken.

≫ Das restliche Öl in einer großen Pfanne erhitzen und die Spieße darin je nach Wunsch 1–3 Minuten pro Seite auf mittlerer Stufe braten. Die Marinade sollte leicht karamellisieren. Die Spieße mit grünem Spargel und gegrillten Kirschtomaten servieren.

Diese Spieße schmecken auch sehr gut, wenn sie auf einer Grillplatte oder dem Grill zubereitet werden.

MINISPIESSE MIT RINDFLEISCH, KÄSE UND TERIYAKI-SAUCE

ZUBEREITUNGSZEIT: 20 Minuten
GARZEIT: 10 Minuten

ZUTATEN

Für 6 Personen

- 9 Scheiben Cheddar
- 18 dünne Scheiben Rinder-Carpaccio (vorgeschnitten vom Fleischer)
- 3 EL Sonnenblumenöl
- 150 ml Teriyaki-Sauce
- Salz, Pfeffer aus der Mühle

≫ Die Käsescheiben halbieren.

≫ Die Carpaccio-Scheiben auf die Arbeitsplatte legen. Mit Salz und Pfeffer würzen. Eine halbe Scheibe Käse auf einem Holzspießchen an den Rand jeder Carpaccio-Scheibe legen. Käse und Fleisch vorsichtig aufrollen. Das Fleisch dabei gut zusammendrücken, damit der Spieß guten Halt findet.

≫ Das Öl in einer Pfanne erhitzen und die Spieße darin 3—4 Minuten bei starker Hitze goldbraun braten, dabei mehrfach wenden. Die Teriyaki-Sauce angießen und 4—5 Minuten kochen lassen. Die Spieße in der Sauce wenden, damit das Fleisch einen leichten Überzug bekommt. Sofort servieren.

Zu den Minispießen Pasta Fregola (oder Couscous) und Schnittlauch, Reis oder Gemüse-Tempura reichen.

Nierenzapfenspieße mit Kartoffeln und grünem Pfeffer

ZUBEREITUNGSZEIT: **30 Minuten**
GARZEIT: **40 Minuten**

ZUTATEN

Für 6 Personen

- 24 kleine Kartoffeln
- 900–1000 g Nierenzapfen vom Rind
- 80 g grob gemahlener grüner Pfeffer
- 800 g Grünkohlblätter
- 80–100 ml Cognac
- 200 ml Portwein
- 300 ml scharfer Rinderfond
- 2 EL Crème fraîche
- 60 g Butter
- 2 EL Sonnenblumenöl
- Salz, Pfeffer aus der Mühle

» Die Kartoffeln waschen und mit Schale in einen Topf mit kaltem Wasser legen. Etwas Salz hinzufügen. 18–20 Minuten kochen lassen. Abtropfen lassen und mit kaltem Wasser abschrecken.

» Das Fleisch würfeln.

» Fleischstücke und Kartoffeln abwechselnd auf Bratspieße stecken. Das Fleisch mit der Hälfte des grünen Pfeffers bestreuen. Die Spieße in den Kühlschrank legen.

» Die Kohlblätter waschen und 5–6 Minuten in einem großen Topf mit kochendem Salzwasser blanchieren, sodass sie noch ein wenig fest bleiben. Abtropfen lassen und kurz unter kaltes Wasser halten.

» Den restlichen Pfeffer in einem Topf 2 Minuten bei starker Hitze rösten. Den Cognac angießen, flambieren und um zwei Drittel reduzieren lassen. Den Portwein hinzufügen und ebenfalls um zwei Drittel reduzieren lassen, sodass sich eine sirupartige Masse ergibt. Den Rinderfond angießen, salzen und pfeffern und ein wenig einkochen lassen. Danach die Crème fraîche mit dem Schneebesen einrühren. Das Ganze mit dem Mixer pürieren und warm stellen.

» Die Kohlblätter in einer Pfanne mit der Butter auf mittlerer Temperatur erhitzen. Salzen und pfeffern.

» Die Spieße salzen und danach auf einem sehr heißen Grill oder in einer Pfanne im Sonnenblumenöl 3–4 Minuten bei starker Hitze braten. Dabei mehrfach wenden. Mit den Kohlblättern servieren und mit Sauce beträufeln.

KÖFTE AUS RINDFLEISCH, PAPRIKA UND ROTER ZWIEBEL

ZUBEREITUNGSZEIT: 30 Minuten
GARZEIT: 15 Minuten

ZUTATEN

Für 6 Personen

- 1 große rote Zwiebel
- 2 rote Paprikaschoten
- 1 kleines Bund glatte Petersilie
- 1 Msp. Harissa
- 1 TL Kümmelpulver
- 50 ml Sonnenblumenöl
- 800–900 g Gehacktes vom Rind
- 1 kleines Bund Minze
- 180 g Speisequark
- Salz, Pfeffer aus der Mühle

» Die Zwiebel abziehen und hacken. Die Paprika waschen, putzen, entkernen und in große Stücke schneiden. Die Petersilie waschen, die Blätter abzupfen.

» Zwiebel, Petersilie, Paprika, Harissa, Kümmel, die Hälfte des Öls sowie etwas Salz und Pfeffer in die Schüssel einer Küchenmaschine geben. 2 Minuten pürieren, sodass eine nicht zu glatte Masse entsteht.

» Den Backofengrill auf 200 °C vorheizen.

» Das Rinderhack in einer Schüssel mit den Händen mit der Masse aus der Küchenmaschine vermengen. Walnussgroße Bällchen formen. Diese auf Holzspieße stecken und zu länglichen Köfte formen.

» Die Spieße auf ein mit Backpapier belegtes Backblech legen und mit dem restlichen Öl beträufeln. 12–15 Minuten unter dem Grill braten, dabei einmal wenden.

» In der Zwischenzeit die Minze waschen und hacken. In einer Schüssel mit dem Quark und etwas Salz und Pfeffer verrühren.

» Die Köfte zusammen mit dem Quark sofort servieren. Dazu frischen Blattsalat oder einen Tomaten-Zwiebel-Salat reichen.

SCHWEINEFLEISCHSPIESSE MIT ANANAS UND HONIG

ZUBEREITUNGSZEIT: 30 Minuten
MARINIERZEIT: 1 Stunde
GARZEIT: 50 Minuten

ZUTATEN

Für 6 Personen

- 2 Filets mignons vom Schwein (900 g insgesamt)
- 1 kleine Victoria-Ananas
- 50 ml Olivenöl
- 3 großzügige EL flüssiger Honig
- 50 ml Reisessig
- 50 ml Ananassaft
- 3 EL Senfkörner
- Salz, Pfeffer aus der Mühle

❯ Die Filets säubern und vorhandenes Fett entfernen. Danach das Fleisch in Würfel von etwa 1,5 cm Seitenlänge schneiden.

❯ Schale und Augen der Ananas entfernen und die Ananas in ebenso große Stücke schneiden wie das Fleisch.

❯ Fleisch- und Ananaswürfel abwechselnd auf Bratspieße stecken. Salzen und pfeffern. Die Spieße in einer großen Pfanne im Olivenöl von jeder Seite 3–4 Minuten bei starker Hitze anbraten. Danach die Temperatur verringern und die Spieße mit Honig beträufeln. 3–4 Minuten karamellisieren lassen. Dabei die Spieße im Honig wenden, sodass sich ein Überzug bildet. Die Spieße auf einen Teller legen.

❯ Die Temperatur wieder erhöhen und den Essig zusammen mit dem Ananassaft in die Pfanne geben. Etwas Salz und Pfeffer sowie die Senfkörner hinzufügen. Das Ganze bei starker Hitze zu einer dickflüssigen Sauce einkochen lassen. Danach die Temperatur senken, die Spieße wieder in die Pfanne legen und 4–5 Minuten auf kleiner Flamme erhitzen. Dabei die Spieße in der Sauce wenden. Heiß servieren.

Dazu Rosenkohl reichen (8–10 Minuten in kochendem Salzwasser blanchiert, danach 5 Minuten in Butter gebraten). Statt Ananas- kann auch Orangensaft verwendet werden.

Räucherspeckspieße mit Essig-Sesam-Kruste

ZUBEREITUNGSZEIT: 30 Minuten
GARZEIT: 1 heure

ZUTATEN

Für 6 Personen

- 600 g Karotten
- 100 ml Olivenöl
- 6 Scheiben Räucherspeck (1,5 cm dick)
- 100 ml Rotweinessig
- 60 g Zucker
- 2 EL Sojasauce
- 50 g geröstete Sesamkörner
- Salz, Pfeffer aus der Mühle

>> Den Backofen auf 180 °C vorheizen.

>> Die Karotten schälen und waschen, dann der Länge nach vierteln. In eine Auflaufform legen. Mit zwei Dritteln des Olivenöls übergießen, salzen und pfeffern. Ein kleines Glas Wasser in die Form gießen. Im Ofen 30 Minuten backen. Die Karotten dabei einmal wenden.

>> Vom Speck die Schwarte entfernen und die Scheiben der Länge nach auf Spieße stecken.

>> Den Essig zusammen mit dem Zucker, der Sojasauce und etwas Salz und Pfeffer in einem kleinen Topf erhitzen und 2 Minuten kochen lassen.

>> Das restliche Öl auf mittlerer Temperatur in einer großen Pfanne erhitzen. Die Spieße darin 5 Minuten goldbraun braten. Wenden und weitere 5 Minuten braten. Ein wenig von der Essigmischung angießen und auf kleiner Flamme weiterbraten, bis die Flüssigkeit eingekocht ist und der Speck leicht karamellisiert. Die Spieße wenden, noch ein wenig von der Essigmischung angießen und auf kleiner Flamme garen. So fortfahren, bis die Essigmischung verbraucht ist. Die Spieße 5 Minuten vor Ende der Bratzeit mit den Sesamkörnern bestreuen.

>> Die gebackenen (noch ein wenig festen) Karotten aus dem Ofen holen und zusammen mit den Spießen servieren.

LAMMSPIESSE MIT ORIENTALISCHER MERGUEZ

ZUBEREITUNGSZEIT: **30 Minuten**
MARINIERZEIT: **6 Stunden**
GARZEIT: **15 Minuten**

ZUTATEN

Für 6 Personen

- 600–700 g Lammkeule oder Lammschulter
- 4 Stängel frischer Koriander
- 50 ml Zitronensaft
- 2 EL Kümmelpulver
- 1 TL Korianderpulver
- 1 EL Harissa
- 100 ml Olivenöl
- 6 Merguez-Würste
- 1 große Zwiebel
- Salz, Pfeffer aus der Mühle

> Vom Lammfleisch das Fett entfernen, danach das Fleisch in kleine Würfel schneiden.

> Den Koriander waschen und hacken.

> Den Zitronensaft in einer Schüssel mit gehacktem Koriander, Kümmel, Korianderpulver, Harissa sowie etwas Salz und Pfeffer vermengen. Das Olivenöl mit dem Schneebesen einrühren. Die Fleischwürfel in die Schüssel geben und mit den Händen gründlich mit der Marinade umhüllen. Die Schüssel mit Frischhaltefolie abdecken und 6 Stunden zum Marinieren in den Kühlschrank stellen.

> Die Merguez-Würste in kleine Stücke schneiden.

> Die Zwiebel abziehen und in ebenso große Stücke wie das Fleisch schneiden.

> Die marinierten Lammfleischwürfel, die Wurst- und die Zwiebelstücke abwechselnd auf Bratspieße stecken. Die Spieße auf einem Grillrost, auf einer Grillplatte oder in einer Pfanne etwa 15 Minuten grillen. Dabei regelmäßig wenden und immer wieder mit der Marinade bepinseln.

> Heiß servieren. Dazu einen Salat aus roten Zwiebeln und Koriander, gegrillte Zucchini oder Grieß reichen.

RÄUCHERFISCHSPIESSE MIT AVOCADO-WASABI-CREME

ZUBEREITUNGSZEIT: 40 Minuten
MARINIERZEIT: 6 Stunden
GARZEIT: 5 Minuten

ZUTATEN

Für 6 Personen

- 2 Schalotten
- 200 ml Reisessig
- 30 g Zucker
- 30 g Rohrzucker
- 4 Wacholderbeeren
- 300 g Schellfisch
- 200 g Räucherhering
- 200 g Räucheraal
- Salz, Pfeffer aus der Mühle

Für die Avocadocreme

- 3 Limetten
- 50 ml Sahne
- 1 TL Wasabipaste
- 50 ml Olivenöl
- Salz
- 2 große Avocados

≫ Die Schalotten abziehen und hacken. Den Essig in einen Topf geben. Zucker, Rohrzucker, Wacholderbeeren, Schalotten, ein wenig Pfeffer und eine Prise Salz hinzufügen. Auf mittlerer Stufe zum Kochen bringen.

≫ Den Fisch entgräten und in gleich große Stücke schneiden.

≫ Stücke verschiedener Fischsorten abwechselnd auf Holzspieße stecken. In einen tiefen Teller legen und mit Marinade übergießen. Mit Frischhaltefolie abdecken und für 6 Stunden in den Kühlschrank stellen.

≫ Für die Avocadocreme die Limetten auspressen und den Saft durch ein Sieb gießen. Die Sahne zusammen mit dem Wasabi, dem Olivenöl und etwas Salz in einem kleinen Topf erwärmen. Die Avocados schälen und entsteinen. Das Fruchtfleisch in kleine Stücke schneiden. Mit dem Limettensaft und der Wasabi-Sahne in ein hohes Gefäß geben. Das Ganze mit dem Mixer 2–3 Minuten zu einer glatten Masse pürieren. Die Avocadocreme mit Frischhaltefolie abdecken und bis unmittelbar vor dem Servieren in den Kühlschrank stellen.

≫ Die Spieße und die Avocadocreme frisch genießen. Dazu Blinis oder gegrillten Toast reichen.

SCHELLFISCHSPIESSE IN ZITRUS-MARINADE MIT WURZELGEMÜSE

ZUBEREITUNGSZEIT: **30 Minuten**
MARINIERZEIT: **2 Stunden**
KEINE GARZEIT

ZUTATEN

Für 6 Personen

- 2 Zitronen
- 3 Orangen (vorzugsweise Blutorangen)
- 1 Grapefruit
- 2 Zweige Dill
- 1 TL süßer Senf
- 100 ml Olivenöl
- 800–900 g Schellfisch
- 400 g bunte Karotten (violett, weiß und orange)
- 1 kleine Rübe
- Salz, Pfeffer aus der Mühle

❯ Die Zitronen auspressen.

❯ Die Schale von 1 Orange abreiben. Alle Orangen sowie die Grapefruit sehr sauber mit einem scharfen Messer schälen, sodass nur die reine Frucht übrig bleibt. Die Früchte vorsichtig mit dem Messer über einem Gefäß in ihre Segmente zerlegen. Beiseitestellen. Das an der Schale haften gebliebene Fruchtfleisch auspressen, um den Saft zu gewinnen.

❯ Den Dill waschen und grob hacken.

❯ Den Orangen-, Zitronen- und Grapefruitsaft in einer Schüssel mit dem Orangenabrieb, dem Senf sowie etwas Salz und Pfeffer verrühren. Das Olivenöl mit dem Schneebesen einrühren und danach den Dill hinzufügen.

❯ Den Schellfisch häuten, entgräten und in kleine Würfel schneiden, diese auf Holzspieße stecken. Die Spieße in einen tiefen Teller legen und mit der Hälfte der Marinade übergießen. Den Teller mit Frischhaltefolie abdecken und für 2 Stunden in den Kühlschrank stellen. Die Spieße nach 1 Stunde in der Marinade wenden.

❯ Karotten und Rübe schälen und mit dem Gemüsehobel in feine Streifen schneiden. Zusammen mit einer Handvoll Eiswürfel in eine große Schüssel mit kaltem Wasser legen. In den Kühlschrank stellen.

❯ Das Gemüse vor dem Servieren abtropfen lassen. Auf einem Teller mit den Fruchtstücken mischen und mit der restlichen Marinade beträufeln. Zu den Schellfischspießen und den Gemüsestreifen getoastetes Weißbrot reichen.

THUNFISCHSPIESSE MIT SAUCE VIERGE UND EINGELEGTER ZITRONE

ZUBEREITUNGSZEIT: 30 Minuten
MARINIERZEIT: 2 Stunden
GARZEIT: 25 Minuten

ZUTATEN

Für 6 Personen

- 5 mittelgroße Tomaten
- 3 Schalotten
- 1 kleines Bund Koriander
- ½ Zitrone, in Salz eingelegt
- 200 ml Olivenöl
- 1 kg Thunfischfilet
- 2 kleine gelbe Zucchini
- 1 große Fenchelknolle
- Salz, Pfeffer aus der Mühle

❯ 2 Tomaten für 30 Sekunden in einen Topf mit kochendem Wasser legen. Abtropfen lassen und mit kaltem Wasser abschrecken. Häuten und entkernen. Das Fruchtfleisch in kleine Würfel schneiden.

❯ Die Schalotten abziehen und fein hacken. Den Koriander waschen und hacken. Die eingelegte Zitrone in kleine Würfel schneiden.

❯ Die Tomaten- und Zitronenwürfel in einer großen Schüssel mit den Schalotten und dem Koriander vermischen. Salz, Pfeffer und 120—150 ml Olivenöl hinzufügen. Das Ganze gut verrühren und die fertige Sauce Vierge für 2 Stunden in den Kühlschrank stellen.

❯ Den Thunfisch in Würfel von 1,5—2 cm Seitenlänge schneiden und auf Holzspieße stecken. Mit Olivenöl bepinseln und in den Kühlschrank stellen.

❯ Die Zucchini waschen und in 5 mm dicke Scheiben schneiden. Den Fenchel waschen, die äußeren Blätter bei Bedarf entfernen und den Rest in 2—3 mm dünne Scheiben schneiden. Die restlichen Tomaten waschen, die Stiele entfernen und die Tomaten quer halbieren.

❯ Einen Grill oder eine Grillplatte auf mittlere Temperatur erhitzen. Den Fenchel darauf 6—8 Minuten pro Seite grillen, die Zucchini 5—6 Minuten und die Tomaten 3—4 Minuten. Das Gemüse vom Grill nehmen, salzen, pfeffern und mit dem restlichen Olivenöl beträufeln.

❯ Die Spieße auf dem Grill oder der Grillplatte 5—6 Minuten grillen, dabei einmal wenden. Salzen und pfeffern. Zusammen mit dem gegrillten Gemüse sofort servieren. Dazu die Sauce Vierge reichen.

Schwertfischspieße mit grüner Paprika

ZUBEREITUNGSZEIT: 30 Minuten
MARINIERZEIT: 4 Stunden
GARZEIT: 15 Minuten

ZUTATEN

Für 6 Personen

- 2 Knoblauchzehen
- 2 große Schalotten
- 2 grüne Paprikaschoten
- 2 Limetten
- 150 g Olivenöl
- 1 EL Rohrzucker
- 900 g Schwertfischfilet
- 400 g Basmatireis
- 150 g Cashewnüsse
- 1 gehäufter EL Kurkuma
- Salz, Pfeffer aus der Mühle

≫ Knoblauchzehen und Schalotten abziehen und hacken. Die Paprika waschen, entkernen und in sehr dünne Scheiben schneiden. Die Limetten waschen, die Schalen abreiben. Die Limetten auspressen.

≫ Den Limettensaft in eine Schüssel geben. Salzen und pfeffern. Etwa 100 ml Olivenöl, Schalotten, Knoblauch, Paprikastückchen, Limettenabrieb sowie den Rohrzucker hinzufügen. Das Ganze mit dem Schneebesen zügig zu einer Marinade verquirlen.

≫ Den Schwertfisch in Würfel von etwa 1,5 cm Seitenlänge schneiden, diese auf Bratspieße stecken. Die Spieße in einen tiefen Teller legen und mit der Marinade übergießen. Mit Frischhaltefolie abdecken und für 4 Stunden in den Kühlschrank stellen.

≫ Den Reis nach Packungsangabe in einem Topf mit kochendem Salzwasser garen. Mit kaltem Wasser abschrecken und in einem Sieb abtropfen lassen.

≫ Die Cashewnüsse grob hacken.

≫ Die Nüsse in einer Pfanne ohne Fett 3 Minuten auf kleiner Flamme rösten. Die Kurkuma und das restliche Olivenöl hinzufügen. 2 Minuten bei mittlerer Hitze anbräunen. Den gekochten Reis in die Pfanne geben und 5 Minuten mitbraten, mit einem Pfannenwender durchrühren.

≫ Die Spieße abtropfen lassen und auf einem Grill oder in einer Pfanne ohne Fett 4–5 Minuten pro Seite braten.

≫ Die Spieße und den Nussreis mit etwas Marinade servieren.

LACHSSPIESSE MIT SPECK UND PARMESAN AN TOMATEN-KOMPOTT

ZUBEREITUNGSZEIT: 40 Minuten
GARZEIT: 15 Minuten

ZUTATEN

Für 6 Personen

- 900 g Lachsfilet
- 100 g Parmesan am Stück
- 18 Scheiben Speck, dünn geschnitten
- 10 mittelgroße Tomaten
- 4 große Schalotten
- 1 Bund Salbei
- 150 ml Olivenöl
- Salz, Pfeffer aus der Mühle

≫ Den Lachs in 18 gleich große Würfel schneiden. Den Parmesan mit einem Sparschäler in längliche Streifen scheiden.

≫ Die Speckscheiben auf der Arbeitsplatte ausbreiten und die Käsestreifen darauf verteilen. Auf jede Scheibe Speck 1 Lachswürfel legen. Salzen und pfeffern. Den Lachs mit dem Speck fest einrollen.

≫ Je 3 Lachswürfel mit Speck auf einen Holzspieß stecken. Die Spieße in den Kühlschrank legen.

≫ Die Tomaten waschen und für 20 Sekunden in kochendes Wasser tauchen. Abtropfen lassen und mit kaltem Wasser abschrecken. Häuten, halbieren und mit der Hand zerdrücken, um die Kerne zu entfernen. Das Fruchtfleisch mit dem Messer zerkleinern.

≫ Die Schalotten abziehen und hacken. 6 Salbeiblätter hacken. Die zerkleinerten Tomaten in einer Schüssel mit dem Salbei, den Schalotten, 50 ml Olivenöl sowie etwas Salz und Pfeffer vermengen. Das fertige Tomaten-Kompott in den Kühlschrank stellen.

≫ 50 ml Öl in einem Topf erhitzen. Die restlichen Salbeiblätter darin 2 Minuten bei starker Hitze frittieren. Auf Küchenpapier abtropfen lassen.

≫ Das restliche Öl in einer Pfanne oder auf einer Grillplatte erhitzen. Die Lachsspieße darin 5–6 Minuten pro Seite auf mittlerer Stufe braten.

≫ Zusammen mit dem kalten Tomaten-Kompott und den knusprigen Salbeiblättern sofort servieren.

KABELJAUSPIESSE MIT PAPRIKA UND CHORIZO AN MILDER PAPRIKA-COULIS

ZUBEREITUNGSZEIT: 40 Minuten
GARZEIT: 1 Stunde

ZUTATEN

Für 6 Personen

- 3 rote Paprikaschoten
- 2 gelbe Paprikaschoten
- ½ scharfe Chorizo
- 800 g Kabeljaurückenfilet
- 1 TL Piment d'Espelette
- Meersalz
- 100 ml Olivenöl
- Salz

≫ Den Backofen auf 180 °C vorheizen.

≫ Die roten Paprika in Alufolie wickeln und auf ein Backblech legen. Im Ofen 45 Minuten backen.

≫ Die gelben Paprika mit einem Sparschäler schälen, entkernen und in Würfel schneiden.

≫ Von der Chorizo die Pelle entfernen und die Wurst in dünne Scheiben schneiden.

≫ Das Kabeljaurückenfilet in kleine Würfel schneiden.

≫ Die Kabeljau-, gelbe-Paprika- und Chorizo-Stücke abwechselnd auf Holzspieße stecken. Die Spieße auf einen Teller legen und mit Piment d'Espelette sowie mit Meersalz bestreuen. In den Kühlschrank legen.

≫ Die roten Paprika aus dem Ofen nehmen und 10 Minuten in der Alufolie abkühlen lassen. Unter fließendem kaltem Wasser häuten und entkernen, danach das Fleisch in Stücke schneiden. Diese mit 50 ml Olivenöl, 100 ml kaltem Wasser und etwas Salz in einen Mixer geben. Zu einer cremigen Coulis pürieren.

≫ Die Spieße mit dem restlichen Olivenöl bepinseln. Einen Grill, eine große Pfanne oder eine Grillplatte erhitzen und die Spieße 8–10 Minuten auf mittlerer Temperatur grillen. Dabei regelmäßig wenden. Zusammen mit der Paprika-Coulis sofort servieren. Dazu einen grünen Salat oder einen Salat aus gegrillter Knoblauch-Paprika reichen.

SEETEUFELSPIESSE MIT RÄUCHERSPECK UND KRÄUTER-BUTTER

ZUBEREITUNGSZEIT: 40 Minuten
GARZEIT: 15 Minuten

ZUTATEN

Für 6 Personen

- 1 Bund glatte Petersilie
- 1 Knoblauchzehe
- 2 große Schalotten
- 140 g weiche Butter
- 1 TL Pastis
- 2 große Bund junge Perlzwiebeln
- 1 kg Seeteufelfilet
- 18 dünne Scheiben Räucherspeck
- 50 ml Olivenöl
- 1 EL Rohrzucker
- Salz, Pfeffer aus der Mühle

» Die Petersilie waschen und hacken. Den Knoblauch und die Schalotten abziehen und hacken.

» Die Butter in einer Schüssel mit dem Knoblauch, den Schalotten, der Petersilie, dem Pastis sowie etwas Salz und Pfeffer vermischen. Die fertige Kräuterbutter in den Kühlschrank stellen.

» Die Perlzwiebeln abspülen. Etwas von den grünen Stielen an den Knollen lassen. Die Zwiebeln halbieren.

» Das Seeteufelfilet putzen, dabei alle kleinen Häutchen und Knorpel entfernen. Das Fleisch in 18 Würfel schneiden. Mit Salz und Pfeffer würzen. Jeden Würfel fest in eine Scheibe Räucherspeck einrollen. 3 Würfel auf jeden Bratspieß stecken.

» Die Perlzwiebeln in einer Pfanne in der Hälfte des Olivenöls 2 Minuten bei starker Hitze andünsten. Mit dem Rohrzucker bestreuen sowie salzen und pfeffern. Die Hitze verringern und die Zwiebeln 4–6 Minuten braten. Sie sollten leicht karamellisieren, aber bissfest bleiben. Warm stellen.

» Das restliche Öl in einer großen Pfanne erhitzen und die Spieße darin 10 Minuten auf mittlerer Temperatur anbraten, dabei mehrfach wenden. Die Hitze verringern, die Kräuterbutter in die Pfanne geben und schmelzen lassen. Dabei die Spieße mehrfach in der flüssigen Butter wenden, sodass ein Überzug entsteht. Die Spieße zusammen mit den Perlzwiebeln servieren und ein wenig Kräuterbutter über allem verteilen.

ZUBEREITUNGSZEIT: **1 Stunde**
GARZEIT: **20 Minuten**

ZUTATEN

Für 6 Personen

- 3 große Kalmare
- 8 dünne Scheiben Parmaschinken
- 2 Frühlingszwiebeln
- 120 g Pecorino
- 200 g gemischte Oliven (grün und schwarz)
- 50 ml Olivenöl + ein wenig zum Servieren
- Salz, Pfeffer aus der Mühle

Kalmarspieße mit Oliven-Pecorino-Schinken-Füllung

» Die Kalmare unter fließendem kaltem Wasser säubern. Dabei darauf achten, die Tuben der Tiere nicht zu beschädigen. Die Köpfe grob zerkleinern.

» Den Schinken hacken. Die Frühlingszwiebeln schälen und hacken. Die zartesten Partien der Stängel in dünne Scheiben schneiden und beiseitelegen. Den Pecorino reiben. Die Oliven entsteinen und hacken.

» Die gehackten Zwiebeln in einer Pfanne im Olivenöl 3 Minuten auf mittlerer Stufe andünsten. Die Köpfe der Kalmare sowie den Schinken hinzufügen. Salzen und pfeffern. Unter Rühren 6–8 Minuten braten. Den Herd ausschalten. Die Oliven und den Pecorino hinzufügen. Das Ganze vermischen und abkühlen lassen.

≫ Die Tuben der Kalmare in je 4 identische Stücke schneiden. Die einzelnen Stücke mit der Zubereitung aus der Pfanne füllen. Die Füllung dabei mit einem Löffel fest andrücken. Die beiden Schmalseiten eines jeden Stücks mit einem Holzspieß durchstechen, um das Stück seitlich zu schließen. Salzen und pfeffern.

≫ Einen Grillrost oder eine Pfanne ohne Fett erhitzen. Die Kalmarspieße 4–5 Minuten pro Seite auf hoher Temperatur goldbraun braten.

≫ Die Spieße mit dem klein geschnittenen Zwiebelgrün bestreuen und mit etwas Olivenöl beträufeln. Dazu Kartoffelpüree mit Olivenöl reichen.

JAKOBSMUSCHELSPIESSE MIT KARTOFFELN UND ANDOUILLE

ZUBEREITUNGSZEIT: **45 Minuten**
GARZEIT: **30 Minuten**

ZUTATEN

Für 6 Personen

- 750 g große Kartoffeln
- 500 ml Cidre
- 80 g Zucker
- 3 EL Cidre-Essig
- 40 g Butter
- 6 Scheiben Andouille de Vire (frz. Wurstsorte) von etwa 4 mm Dicke
- 3 EL Olivenöl
- 18 mittelgroße Jakobsmuscheln ohne Korallen
- Salz, Pfeffer aus der Mühle

› Die Kartoffeln schälen, waschen und in 2 cm dicke Scheiben schneiden. Dann mit einer kleinen runden Ausstechform kreisrunde Zylinder aus den Kartoffelscheiben stechen. (Aus der überschüssigen Kartoffelmasse können Sie später ein Püree machen.) Die runden Kartoffelstücke in einen Topf mit kaltem Salzwasser geben und 15 Minuten kochen.

› In der Zwischenzeit den Cidre zusammen mit dem Zucker und dem Essig in einem Topf 10 Minuten auf mittlerer Temperatur erhitzen, sodass ein leicht farbiges Karamell entsteht. Vom Herd nehmen und 20 g Butter mit einem Spatel einrühren. Den Karamell in eine Schüssel geben und abkühlen lassen.

› Mit der runden Ausstechform 18 Kreise in die Wurstscheiben stechen.

› Die Kartoffeln abgießen lassen und unter kaltem Wasser abspülen. Die Hälfte des Olivenöls sowie 10 g Butter in einer Pfanne erhitzen. Die Wurst- und Kartoffelstücke auf mittlerer Stufe 3 Minuten pro Seite goldbraun braten. Auf einen Teller geben.

› Je 1 rundes Kartoffel- und 1 Wurststück zusammen mit 1 Jakobsmuschel auf 18 hölzerne Spieße stecken. Die Spieße in der restlichen Butter und dem restlichen Öl 4–5 Minuten auf mittlerer Stufe in der Pfanne braten. Dabei mehrfach wenden. Salzen und pfeffern.

› Die Spieße zusammen mit dem lauwarmen Cidre-Karamell zum Aperitif oder als Vorspeise servieren.

GAMBA-SPIESSE MIT THAI-MARINADE UND FRITTIERTEM INGWER

ZUBEREITUNGSZEIT: 30 Minuten
MARINIERZEIT: 4 Stunden
GARZEIT: 15 Minuten

ZUTATEN

Für 6 Personen

- 42 mittelgroße Gambas
- 100 g frische Ingwerwurzel
- 3 Knoblauchzehen
- 10 Blätter Thai-Basilikum oder Koriander
- 1 kleine rote Paprikaschote
- 100 ml Olivenöl
- 200 g Basmatireis
- 1 TL Tintenfischtinte (vom Fischhändler)
- Öl zum Frittieren
- Salz, Pfeffer aus der Mühle

> Die Gambas vorsichtig von der Schale befreien, dabei den Kopf und die Schale am Schwanz stehen lassen. Je 7 Gambas auf 2 parallele hölzerne Spieße stecken. In einen großen tiefen Teller legen.

> Den Ingwer schälen. Ein Drittel in Stücke hacken. Die Knoblauchzehen abziehen und hacken. Das Basilikum (oder den Koriander) waschen und hacken. Die Paprika waschen, entkernen und hacken.

> Das Olivenöl in einer Schüssel mit Ingwer, Knoblauch, Paprika, Basilikum sowie etwas Salz und Pfeffer vermischen. Die fertige Marinade über die Gamba-Spieße gießen. Den Teller mit Frischhaltefolie bedecken und mindestens 4 Stunden in den Kühlschrank stellen.

> Den Reis nach Packungsangabe in einem Topf Salzwasser kochen. Mit kaltem Wasser abschrecken und in einem Sieb abtropfen lassen, sodass er möglichst trocken wird. Mit der Tintenfischtinte vermischen und auf einen Teller geben. In den Kühlschrank stellen.

> Den restlichen Ingwer in dünne Streifen schneiden.

> Das Frittieröl auf 180 °C erhitzen. Den Reis portionsweise 4–5 Minuten frittieren, danach die Ingwerstreifen 3 Minuten frittieren. Alles auf Küchenpapier abtropfen lassen.

> Die überschüssige Marinade von den Gambas abschütteln. Einen Grill oder eine große Pfanne ohne Fett erhitzen. Die Gambas auf mittlerer Stufe 4–5 Minuten pro Seite braten. Heiß servieren, dazu den frittierten Reis und den frittierten Ingwer reichen.

SOMMERGEMÜSESPIESSE MIT RUCOLA-PESTO

ZUBEREITUNGSZEIT: 30 Minuten
KÜHLZEIT: 1 Stunde
GARZEIT: 20 Minuten

ZUTATEN

Für 6 Personen

- 2 kleine Zucchini
- 1 kleine Aubergine
- 1 großer Bund junge Perlzwiebeln
- 2 gelbe Paprikaschoten
- 2 rote Paprikaschoten
- 6 größere Kirschtomaten
- 2 EL Oregano, frisch
- der getrocknet
- 150 ml Olivenöl
- 150 g Rucola
- 60 g Pinienkerne
- 2 Knoblauchzehen
- 75 g geriebener Parmesan
- Meersalz
- Pfeffer aus der Mühle

> Das Gemüse waschen. Die Zucchini in Scheiben schneiden. Die Aubergine längs halbieren und in Halbkreise schneiden. Die Zwiebeln halbieren. Die Paprika schälen, entkernen und in Stücke von der Größe der Zucchini-Scheiben schneiden.

> Das Gemüse auf hölzerne Spieße stecken, dabei die Sorten abwechseln. Die Spieße auf einen Teller legen und mit Oregano und Meersalz bestreuen. Pfeffern und mit Olivenöl bepinseln. Für 1 Stunde in den Kühlschrank stellen.

> Die Rucola waschen und 20 Sekunden in einen Topf mit kochendem Salzwasser tauchen. Abtropfen lassen und gleich danach in einer Schüssel mit sehr kaltem Wasser abschrecken. Mit den Händen so trocken wie möglich pressen. Grob hacken.

> Die Pinienkerne 3 Minuten in einer trockenen Pfanne auf kleiner Flamme anrösten. Abkühlen lassen, danach klein hacken.

> Den Knoblauch schälen und hacken. In ein hochwandiges Gefäß geben. Die Rucola, das restliche Olivenöl sowie Salz und Pfeffer hinzufügen. 2 Minuten mit dem Mixer pürieren. Den Parmesan und die Pinienkerne hinzufügen. Das Ganze zu einer gleichmäßigen Pesto-Masse verrühren.

> Einen Grill oder eine Pfanne ohne Fett erhitzen und die Gemüsespieße 15–20 Minuten auf mittlerer Temperatur braten, dabei regelmäßig wenden. Mit dem Rucola-Pesto servieren.

Die Spieße ohne Beilage verzehren oder aber helles oder rotes Fleisch bzw. ein Fischgericht dazu reichen.

Tomatenspieße mit Räucherspeck und Balsamico-Sauce

ZUBEREITUNGSZEIT: **15 Minuten**
GARZEIT: **25 Minuten**

ZUTATEN

Für 6 Personen

- 250 ml Balsamicoessig
- 1 EL Zucker
- 15 g Butter
- 36 größere Kirschtomaten
- 50 ml Olivenöl
- 36 dünne Scheiben Räucherspeck
- Salz, Pfeffer aus der Mühle

> Den Backofen auf 200 °C vorheizen.

> Den Balsamicoessig in einen Topf geben. Den Zucker, das Salz und den Pfeffer hinzufügen. Zum Kochen bringen und 15 Minuten auf mittlerer Stufe eindicken lassen, bis der Essig eine zähflüssige Konsistenz hat. Von der Herdplatte nehmen. Die Butter einrühren. Warm halten (aber nicht kochen).

> Die Kirschtomaten waschen und in eine Schüssel geben. Das Olivenöl sowie Salz und Pfeffer hinzufügen. Vorsichtig verrühren, bis die Tomaten von Öl umhüllt sind.

> Jede Tomate fest mit 1 Scheibe Räucherspeck umwickeln. Je 3 Specktomaten auf einen Holzspieß stecken. Die Spieße auf ein mit Backpapier belegtes Backblech legen. Im Ofen 10 Minuten backen.

> Die Spieße auf Teller verteilen und mit der Balsamico-Sauce beträufeln. Mit Salatherzen servieren.

Sie können auch ein wenig Oregano, Basilikum oder gehackten Salbei zu den Tomaten geben, bevor Sie sie in die Speck-Scheiben einrollen.

ANANASSPIESSE MIT MANDEL-CRUMBLE

ZUBEREITUNGSZEIT: 30 Minuten
GARZEIT: 25 Minuten

ZUTATEN

Für 6 Personen

- 1 große reife Ananas
- 55 g Butter
- 90 g Zucker
- 50 ml brauner Rum
- 1 gestrichener TL Kardamompulver

Für den Mandel-Crumble

- 75 g weiche Butter
- 50 g Zucker
- 100 g Mehl
- 80 g gehobelte Mandeln

≫ Den Backofen auf 180 °C vorheizen.

≫ Für den Crumble Butter und Zucker in einer Schüssel mischen. Das Mehl und die grob zerkleinerten Mandelblättchen hinzufügen. Mit den Fingerspitzen zu einem krümeligen Teig vermischen. Diesen auf ein mit Backpapier belegtes Backblech geben. Im Ofen 15–20 Minuten backen. Den fertigen Crumble aus dem Ofen nehmen und auf dem Blech abkühlen lassen.

≫ Von der Ananas Schale und Strunk entfernen. Das Fruchtfleisch in kleine Würfel schneiden und diese auf kleine Holzspieße stecken.

≫ Die Butter in einer großen Pfanne schmelzen, die Spieße darin 2–3 Minuten auf mittlerer Stufe anbräunen. Mit Zucker bestreuen und 3–4 Minuten karamellisieren lassen. Die Spieße aus der Pfanne nehmen.

≫ Die Pfanne mit dem Rum ablöschen und diesen flambieren. Den Kardamom hinzufügen und das Ganze auf starker Hitze einkochen lassen. Die Spieße zurück in die Pfanne legen und in der Sauce erwärmen.

≫ Die Spieße auf Teller legen, mit Crumble bestreuen und mit Sauce beträufeln. Sofort genießen.

Statt Ananas kann auch Mango verwendet werden. In diesem Fall die Spieße nur einmal für 2 Minuten in der Pfanne braten.

FEIGENSPIESSE MIT HONIG UND BANYULS

ZUBEREITUNGSZEIT: **15 Minuten**
GARZEIT: **10 Minuten**

ZUTATEN

Für 6 Personen

- 18 nicht zu reife Feigen
- 100 g ganze Mandeln mit Schale
- 80 g Butter
- 100 g flüssiger Honig
- 200 ml Banyuls (frz. Süßwein)
- 1 Msp. Pfeffer

> Die Feigen waschen und die Enden abschneiden. Die Feigen halbieren. Je 3 halbe Feigen auf einen Holzspieß stecken.

> Die Mandeln mit einem Messer grob hacken.

> 50 g Butter in einer großen Pfanne schmelzen. Sobald die Butter flüssig ist, die Spieße mit der Fleischseite der Feigen nach unten in die Pfanne legen und 3 Minuten bei starker Hitze anbraten. Die Spieße wenden und 2 Minuten weiterbraten. Auf einen Teller legen.

> Den Honig in die Pfanne geben und 3 Minuten bei starker Hitze karamellisieren lassen. Danach den Banyuls angießen und 3–4 Minuten eindicken lassen. Den Pfeffer hinzufügen und die restliche Butter mit dem Schneebesen einrühren, dabei die Hitze nicht reduzieren.

> Sobald die Sauce dickflüssig ist, die Mandeln in die Pfanne geben. Danach die Spieße vorsichtig zurück in die Pfanne legen. 3 Minuten erhitzen und dabei löffelweise mit Sauce begießen. Sofort servieren.

Servieren Sie die Feigenspieße mit einer Kugel Eis und reichen Sie hausgemachte Mandelbiskuits oder Madeleines dazu.

MENGENANGABEN

FLÜSSIGKEITEN

metrisches System	amerikanisches System	andere Schreibweise
5 ml	1 Tee- oder Kaffeelöffel	
15 ml	1 Esslöffel	
35 ml	1/8 Tasse	1 oz (oder ounce)
65 ml	1/4 Tasse	2 oz
125 ml	1/2 Tasse	4 oz
250 ml	1 Tasse	8 oz
500 ml	2 Tassen	
1 litre	4 Tassen	

GEWICHTSEINHEITEN

metrisches System	amerikanisches System	andere Schreibweise
30 g	1/8 oz	
55 g	1/8 lbs	2 oz
115 g	1/4 lbs	4 oz
170 g	3/8 lbs	6 oz
225 g	1/2 lbs	8 oz
454 g	1 Pfund	16 oz

TEMPERATUR

Wärme	° Celsius	Thermostat	° Fahrenheit
Gering	70 °C	Th. 2-3	150 °F
Mittel	100 °C	Th. 3-4	200 °F
	120 °C	Th. 4	250 °F
Heiß	150 °C	Th. 5	300 °F
	180 °C	Th. 6	350 °F
Sehr heiß	200 °C	Th. 6-7	400 °F
	230 °C	Th. 7-8	450 °F
	260 °C	Th. 8-9	500 °F

**Danke an Aurélie, Anne, Pierre-Louis und das ganze Mango-Team
für die Beständigkeit unserer schönen Kochbuchreihe!**

© Mango, Paris — 2015
Originaltitel: *Boulettes ! Et brochettes à partager*
ISBN 978-23-17006-60-9

Leitung: Anne la Fay
Redaktion: Aurélie Cazenave
Art Direction: Laurent Quellet et Armelle Riva
Satz: Natacha Marmouget
Korrektorat: Armelle Heron
Herstellung: Thierry Dubus, Marie Guibert

© der deutschen Ausgabe: h.f.ullmann publishing GmbH

Übersetzung aus dem Französischen: Holger Möhlmann für writehouse
Lektorat: Katrin Höller, writehouse, Köln
Satz: InterMedia, Ratingen, für writehouse

Gesamtherstellung: h.f.ullmann publishing GmbH, Potsdam

Printed in India, 2016

ISBN 978-3-8480-1051-6

10 9 8 7 6 5 4 3 2 1
X IX VIII VII VI V IV III II I

www.ullmannmedien.com
info@ullmannmedien.com
facebook.com/hfullmann
twitter.com/hfullmann

FLEISCHBÄLLCHEN SPIESSE & CO!

In dieser Reihe:

 FLEISCHBÄLLCHEN SPIESSE & CO!

FLEISCHBÄL SPIESSE &

FLEISCHBÄLLCHEN SPIESSE & CO!

 FLEISCHBÄLLCHEN SPIESSE & CO!

FLEISCHBÄL SPIESSE &

FLEISCHBÄLLCHEN SPIESSE & CO!

 FLEISCHBÄLLCHEN SPIESSE & CO!

FLEISCHBÄL SPIESSE &

FLEISCHBÄLLCHEN SPIESSE & CO!

 FLEISCHBÄLLCHEN SPIESSE & CO!

FLEISCHBÄL SPIESSE &

FLEISCHBÄLLCHEN SPIESSE & CO!

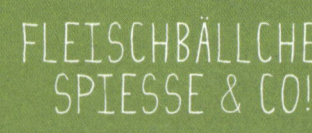 FLEISCHBÄLLCHEN SPIESSE & CO!

FLEISCHBÄL SPIESSE &